プリント形式のリアル過去問で本番の臨場感！

北海道 市立

札幌開成中等教育学校

2025 年 春 受験用

解答集

本書は，実物をなるべくそのままに，プリント形式で年度ごとに収録しています。
問題用紙を教科別に分けて使うことができるので，本番さながらの演習ができます。

■ 収録内容

・解答集(この冊子です)

　　　書籍ID番号，この問題集の使い方，最新年度実物データ，リアル過去問の活用，
　　　解答例と解説，ご使用にあたってのお願い・ご注意，お問い合わせ

・2024(令和6)年度 ～ 2015(平成27)年度　学力検査問題

○は収録あり	年度	'24	'23	'22	'21	'20	'19
■ 問題(適性検査)		○	○	○	○	○	○
■ 解答用紙		○	○	○	○	○	○
■ 配点		○	○	○	○	○	○

全分野に解説
があります

上記に2018～2015年度を加えた10年分を収録しています

☆問題文等の非掲載はありません

K 教英出版

■ 書籍ID番号

入試に役立つダウンロード付録や学校情報などを随時更新して掲載しています。
教英出版ウェブサイトの「ご購入者様のページ」画面で，書籍ID番号を入力してご利用ください。

書籍ID番号 **101201**

（有効期限：2025年9月30日まで）

【入試に役立つダウンロード付録】
「要点のまとめ(国語／算数)」
「課題作文演習」ほか

■ この問題集の使い方

年度ごとにプリント形式で収録しています。針を外して教科ごとに分けて使用します。①片側，②中央
のどちらかでとじてありますので，下図を参考に，問題用紙と解答用紙に分けて準備をしましょう（解答
用紙がない場合もあります）。

針を外すときは，けがをしないように十分注意してください。また，針を外すと紛失しやすくなります
ので気をつけましょう。

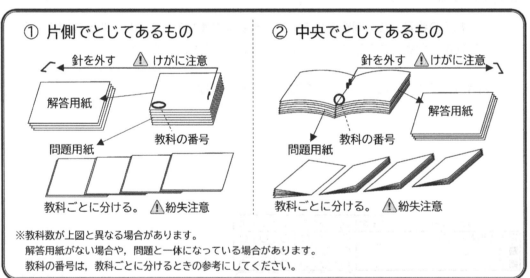

① 片側でとじてあるもの ② 中央でとじてあるもの

針を外す ⚠けがに注意
解答用紙
問題用紙 教科の番号
教科ごとに分ける。 ⚠紛失注意

針を外す ⚠けがに注意
解答用紙
問題用紙 教科の番号
教科ごとに分ける。 ⚠紛失注意

※教科数が上図と異なる場合があります。
解答用紙がない場合や，問題と一体になっている場合があります。
教科の番号は，教科ごとに分けるときの参考にしてください。

■ 最新年度 実物データ

実物をなるべくそのままに編集していますが，収録の都合上，実際の試験問題とは異なる場合があります。実物のサイズ，様式は右表で確認してください。

問題用紙	A4冊子(二つ折り)
解答用紙	A4両面プリント

リアル過去問の活用

~リアル過去問なら入試本番で力を発揮することができる~

🌸 本番を体験しよう！

問題用紙の形式（縦向き／横向き），問題の配置や余白など，実物に近い紙面構成なので本番の臨場感が味わえます。まずはパラパラとめくって眺めてみてください。「これが志望校の入試問題なんだ！」と思えば入試に向けて気持ちが高まることでしょう。

🌸 入試を知ろう！

同じ教科の過去数年分の問題紙面を並べて，見比べてみましょう。

① 問題の量

毎年同じ大問数か，年によって違うのか，また全体の問題量はどのくらいか知っておきましょう。どのくらいのスピードで解けば時間内に終わるのか，大問ひとつにかけられる時間を計算してみましょう。

② 出題分野

よく出題されている分野とそうでない分野を見つけましょう。同じような問題が過去にも出題されていることに気がつくはずです。

③ 出題順序

得意な分野が毎年同じ大問番号で出題されていると分かれば，本番で取りこぼさないように先回りして解答することができるでしょう。

④ 解答方法

記述式か選択式か（マークシートか），見ておきましょう。記述式なら，単位まで書く必要があるかどうか，文字数はどのくらいかなど，細かいところまでチェックしておきましょう。計算過程を書く必要があるかどうかも重要です。

⑤ 問題の難易度

必ず正解したい基本問題，条件や指示の読み間違いといったケアレスミスに気をつけたい問題，後回しにしたほうがいい問題などをチェックしておきましょう。

🌸 問題を解こう！

志望校の入試傾向をつかんだら，問題を何度も解いていきましょう。ほかにも問題文の独特な言いまわしや，その学校独自の答え方を発見できることもあるでしょう。オリンピックや環境問題など，話題になった出来事を毎年出題する学校だと分かれば，日頃のニュースの見かたも変わってきます。

こうして志望校の入試傾向を知り対策を立てることこそが，過去問を解く最大の理由なのです。

🌸 実力を知ろう！

過去問を解くにあたって，得点はそれほど重要ではありません。大切なのは，志望校の過去問演習を通して，苦手な教科，苦手な分野を知ることです。苦手な教科，分野が分かったら，教科書や参考書に戻って重点的に学習する時間をつくりましょう。今の自分の実力を知れば，入試本番までの勉強の道すじが見えてきます。

🌸 試験に慣れよう！

入試では時間配分も重要です。本番で時間が足りなくなってあわてないように，リアル過去問で実戦演習をして，時間配分や出題パターンに慣れておきましょう。教科ごとに気持ちを切り替える練習もしておきましょう。

🌸 心を整えよう！

入試は誰でも緊張するものです。入試前日になったら，演習をやり尽くしたリアル過去問の表紙を眺めてみましょう。問題の内容を見る必要はもうありません。どんな形式だったかな？受験番号や氏名はどこに書くのかな？…ほんの少し見ておくだけでも，志望校の入試に向けて心の準備が整うことでしょう。

そして入試本番では，見慣れた問題紙面が緊張した心を落ち着かせてくれるはずです。

※まれに入試形式を変更する学校もありますが，条件はほかの受験生も同じです。心を整えてあせらずに問題に取りかかりましょう。

《解答例》

1 (1) 8　(2) 1番…C　2番…E　3番…A　4番…D　5番…B　(3) 7　(4) ウ. 11　エ. 55

　(5) 1番…E　2番…C　3番…I　4番…D　5番…F　6番…J　7番…G　8番…H　9番…A　10番…B

2 (1) 6　(2) 8　(3) 22　(4) 17　(5) ABCDEG／EDCBA／EDCBAG／EGDCBA のうち2つ

《解　説》

1 (1)　準備時間の回数は，発表するチームの数より1回少ないから，5－1＝4(回)である。よって，準備時間は合計で5×4＝20(分)とることになる。昨年の発表時間は1時間＝60分だから，1チームあたりの発表時間は最大で，(60－20)÷5＝8(分)である。

(2)　1チームあたりの発表時間と準備時間1回の時間を合わせると，8＋5＝13(分)になる。よって，発表が始まる時間は表1のようにまとめられる。

3番目のチームは11時26分＋8分＝11時34分に発表が終わるから，1，2年生がいるC，Eは1番目か2番目に決まる。

表1

発表順	発表が始まる時間
1	11：00～
2	11：13～
3	11：26～
4	11：39～
5	11：52～

Eが1番目，Cが2番目とすると，器楽合奏は連続で行うので，Aも2番でなくてはならなくなり，条件にあわない。Cが1番目，Eが2番目とすると，続けて器楽合奏のAチームが3番となる。B，Eには共通して出演する児童がいるため，EとBの間に他の2チーム以上を入れる必要があるので，5番目にB，4番目に残りのDとすれば全ての条件や要望がかなう。よって，C，E，A，D，Bの順になる。

(3)　(1)の解説をふまえると，今年の準備時間の回数は10－1＝9(回)，準備時間の合計は5×9＝45(分)，発表時間は2時間＝120分である。よって，1チームあたりの発表時間は最大で(120－45)÷10＝7.5(分)となるが，発表は1分単位なので，7分となる。

(4)　1チームあたりの発表時間と準備時間1回の時間の合計は7＋5＝12(分)だから，最後のチームの発表が終わるまでに12×9＋7＝115(分)，つまり1時間55分かかるので，11時55分に全ての発表を終えられる。

(5)　Bは最後の発表を希望しているので，10番目，また，(2)と同様に，発表が始まる時間を表にまとめると，表2のようになり，Eが発表を10時15分までに終えるためには1番目になる。

表2より，低学年がいるチームは2番目～7番目となる。

次に，器楽合奏とその前後を希望するG，H，Jについて考える。Hは8～10番目を希望しているが，Gには2年生がいるため，7番目がG，8番目がHで決まる。Jには1年生がいるため，Gの前の6番目に決まる。この時点で，表3のようになる。

続いて，共通の児童がいるA，C，Fについて考える。この3チームの発表は2チーム以上間かくが空く必要があるので，表3の☆の位置に入る。C，Fには2年生がいるので，Aが9番目に決まる。

さらに，2番目はC，Fのどちらかなので，1～3番目を希望するIは3番目に決まり，Dが発表を11時までに終えるためには1～5番目になればよいので，4番目に決まる。

表2

発表順	発表が始まる時間	発表チーム
1	10：00～	E
2	10：12～	
3	10：24～	
4	10：36～	
5	10：48～	
6	11：00～	
7	11：12～	
8	11：24～	
9	11：36～	
10	11：48～	B

表3

発表順	発表が始まる時間	発表チーム
1	10：00～	E
2	10：12～	☆
3	10：24～	
4	10：36～	
5	10：48～	☆
6	11：00～	J
7	11：12～	G
8	11：24～	H
9	11：36～	☆
10	11：48～	B

残りのC，Fだが，それぞれ２番目，５番目のどちらであっても「低学年は７番目までにする」，「A，C，FとC，Hはそれぞれ２チーム以上間かくを空ける」の２つの条件を満たすので，順番は任意でよい。したがって，E，C，I，D，F，J，G，H，A，BまたはE，F，I，D，C，J，G，H，A，Bのいずれかの順となる。

2 (1) 橋は１秒間に $60°$ だけ回転するから，１回転するのに $360° \div 60° = 6$ (秒)かかる。

(2) 図２から図６を見ると，Bの橋の位置は，スタートから奇数秒後と偶数秒後でそれぞれ同じ位置にあり，奇数秒後にGとつながるとわかる。G→A→Gと移動したとき（４秒後），Bの橋はさらに１秒後の５秒後にGの橋とつながる。

よって，５秒後にBの橋の先に，６秒後にBの島に，７秒後にGの橋の先に，８秒後にGの島にそれぞれ移動する。

(3) C，D，Eの橋もBの橋と同様に，スタートから奇数秒後と偶数秒後にはそれぞれ同じ位置にあり，奇数秒後にGの橋とつながるとわかる。よって，GAGBGCGDGEGと移動するのにかかる時間は，$4 \times 5 = 20$ (秒)である。

Fの橋は３秒後に初めてGの橋とつながり，(1)より，$3 + 6 = 9$ (秒後)，$9 + 6 = 15$ (秒後)，$15 + 6 = 21$ (秒後)，…にGの橋とつながる。よって，21秒後にFの橋の先に，22秒後にFの島に着く。

(4) AとBの橋，BとCの橋，CとDの橋，DとEの橋はそれぞれ，偶数秒後につながる。

２秒後にAの島に移動し，１秒待ってから４秒後にBの橋の先に，５秒後にBの島に着く。その後は島で待つことなく，B→C，C→D，D→Eをそれぞれ２秒間で移動するから，Gの島からEの島までは $5 + 2 \times 3 = 11$ (秒)かかる。

FとEの橋が初めてつながるのは４秒後であり，そこから６秒ごとにつながるから，11秒後以降はじめてつながるのは $4 + 6 \times 2 = 16$ (秒後)である。よって，$16 + 1 = 17$ (秒)でFの島に着く。

(5) (4)の移動方法ではAの島で１秒間，Eの島で４秒間の合計５秒間だけ島で待つことになる。Fの橋に移動する際の待ち時間が長いので，まずはこの時間を短くできるような渡り方を考える。

(4)において，11秒後にEの島に着いた後，１秒待ってから，13秒後にGの橋の先に，14秒後にGの島に渡る。このとき，Fの橋は $14 - 6 \times 2 = 2$ (秒後)と同じ位置にある（Aの橋とつながっている）から，15秒後にGの橋とつながるので，16秒後にFの島に着くことができる。よって，GABCDEGFは条件にあう。

次に，これまでとは逆回り（GEDCBA…）に進むことを考える。Aの島に着くまでにかかる時間はGABCDEの順に進んだときと同様に11秒であり，このとき，Fの橋は $11 - 6 = 5$ (秒後)と同じ位置にあるので，Fの真下にある。よって，$11 + 3 = 14$ (秒後)，AとFの橋はつながり，Fの橋の先に移動し，15秒後にFの島に着くので，GEDCBAFは条件にあう。

さらに，GEDCBAと進んだ後，Gの島にもどってからFの島に行く場合を考えると，13秒後にGの橋の先に，14秒後にGの島に移動する。このとき，Fの橋はAの橋とつながっているので，さらに１秒後の15秒後にFとGの橋はつながる。よって，$15 + 1 = 16$ (秒後)にFの島に着くから，GEDCBAGFは条件にあう。

《解答例》

1　(1)プレゼント企画…表1を見ると，10月の来館者数は400人だけど，表2の1か月に読まれた本の冊数が0冊の人が100人いるため，80人は図書館に来たけれど本を読んでいないことが分かる。このことから，プレゼントをもらいに来ただけの人が多いと考えられるため，この企画はあまりうまくいかなかったと思う。

本紹介ポスター作成…表1を見ると，読まれた本の合計冊数は9月から10月にかけて，300冊程度増加した。また，表3より，10月以降，本紹介ポスターで紹介した文学ジャンルの本が300冊程度多く読まれていることから，本紹介ポスター作成はうまくいったと思う。

(2)今年度の課題は，文学ジャンル以外の本があまり読まれなかったことであるため，次年度は，人気ジャンル以外の本の楽しさも知ってもらうことを目標として提案します。この目標を達成するために，人気のないジャンルの本の面白いところをアピールするポップや帯紙を作成すると効果的だと思います。理由は，人気のないジャンルの本も，み力が伝われば手に取って読んでみることにつながり，楽しさを知るきっかけになると思うからです。

2　黒田さん／修学旅行で訪問した際には，私たちのために分かりやすいプレゼンテーションをしてくれたり，質問に的確に答えてくれたりして，ありがとうございました。黒田さんの説明を聞き，知らないことをたくさん知ることができて，私はとてもうれしくなりました。きっと，黒田さんは，私たちに，もっと博物館に興味をもって，これからも学んでいってほしいという思いがあったのではないかと思います。私は，英語や国語の学習は好きですが，他の教科にはそこまで興味はありませんでした。ですが，今回の博物館の見学で，黒田さんの話を聞き，知ることの面白さや興味を広げることの大切さに気付くことができたので，これからは様々な分野のことにもっと興味をもって学んでいこうと思います。

《解　説》

1　(1)　「読書の楽しさを知ってもらう」という目標を達成するために，「一人一人が読書をしたいと思える活動」として，「プレゼント企画」と「本紹介ポスター作成」を行った。二つの活動を行った10月の数値を中心に考える。表1と表2を照らし合わせると，10月の来館者数400人に対して，10月に図書館の本を読んだ人数（1冊～10冊読んだ人の合計）は320人である。つまり，80人は図書館に来たものの本を読んでいない，ステッカーをもらいに来ただけだと考えられる。なお，表2の「0冊」の100人は，その80人と，そもそも図書館に来なかった20人（全児童420人－10月の来館者数400人）の合計である。また，表1と表3を照らし合わせると，読まれた本の冊数が増え，その多くが文学ジャンルだったことが読みとれる。ここから，ポスターの効果があったと考えられる。

(2)　本を読みたいと思って図書館に来る人を増やす方法や，下位になったジャンルの本をもっと読んでもらう方法などを考えよう。

2　まず，どのような点に感謝しているのか，自分はどのように感じたのか，行動から相手のどのような思いがわかったのかを書こう。その経験を通して，自分自身が変化したことや，今後どのようになりたいかなども伝えよう。

《解答例》

1. (1)28　(2)22　(3)ウ. 春　エ. 夏　オ. 3種類 (ウとエは春, 夏, 秋, 冬のうち2つ)

    (4)夏セット○／秋セット○／果物セット○／3種類セット○

    (5)きたさんの得点…5　にしさんの得点…5　みなみさんの得点…7　ひがしさんの得点…5　合計得点…22

    〔別解〕きたさんの得点…7　にしさんの得点…5　みなみさんの得点…5　ひがしさんの得点…5　合計得点…22

2. (1)右図　(2)右図

    (3)0, 1, 0, 1, 0, 1, 1, 0, 0, 1, 1, 0

    (4)え　(5)あかは、うえにおけ。

2(1)の図　　2(2)さ行の共通点の図　　せの図

《解説》

1. (1)　4人全員が7点となっているときが最高得点になるから, 7×4＝28(点)となる。

    (2)　「春・夏・秋・冬」のカードを㉜, 「いちご・すいか・かき・みかん」のカードを㉟, 「花見・七夕・月見・正月」のカードを㋑と表す。3人が7点, 1人が5点の場合が2番目に高い得点となるが, 3人が7点であれば, 残りの1人も7点なので条件にあわない。次に, 2人が7点, 2人が5点の場合だが, 2人の手持ちが7点だと残りのカードは㉜, ㉟, ㋑がそれぞれ2枚ずつとなり, 5点のセットは作れない。よって, 1人が7点, 3人が5点の場合を考えると, 1人が春・夏・秋・冬セットのいずれか, 3人が㉜㉜㉜・㉟㉟㉟・㋑㋑㋑となればよいので, これが2番目に高い得点となる。よって, 7＋5×3＝22(点)となる。

    (3)　2人が7点, 2人が3点となれば合計で20点となる。よって, 4人のうち2人が春・夏・秋・冬セットのうちのいずれか2種類で, 残りの2人が3種類セットになっていればよい。

    (4)　みなみさんがもらえるカードは, 1回目はにしさんの最初の手持ち, 2回目はにしさんか, きたさんの最初の手持ちのカードになる。つまり, ひがしさんに最初に配られたカードはもらえないので, 正月・いちご・花見のいずれかが必要になる冬・春セットと, ㋑㋑が2枚以上必要なイベントセットは作れない。次に, みなみさんは㉜を1枚も持っていないため, 季節セットも作れない。よって, 作れるセットは, 夏・秋・果物(すいか／かき／みかん)・3種類(すいか／冬／月見　など)となる。

    (5)　合計点が高い組み合わせから順に作れるかを考えていく。

    合計点が28点の場合, (4)よりみなみさんの手持ちは夏セットか秋セットとなる。みなみさんが夏セットのとき, ひがしさんは1回目に月見, 2回目に冬かかきをもらうが, このときひがしさんの得点は0点になるから条件に合わない。みなみさんが秋セットのとき, にしさんは1回目にかき, 2回目に秋を渡しているので, 手持ちに夏と冬があり, 条件に合わない。

    合計点が22点の場合, (2)の解説より7点が1人, 5点が3人となる。

    みなみさんが夏セットのときはひがしさんの得点が0点になるから, 秋セットのときを考えると, にしさんから1回目にかき, 2回目に秋をもらう。よって, にしさんは1回目に秋, 2回目に春をもらえば季節セットとなる。次に, きたさんは1回目にいちご, 2回目にすいかをもらえば果物セットになる。最後に, ひがしさんは, 1回目

にすいか，2回目に七夕をもら
えばイベントセットになる。
これらをまとめると図ⅰのよう
になり，みなみさんが7点，他
3人が5点で，合計22点となる。
また，みなみさんが果物セット
のときを考えた場合，図ⅱのよ
うに交換することで，きたさん
が7点，他3人が5点で，合計
22点となる。

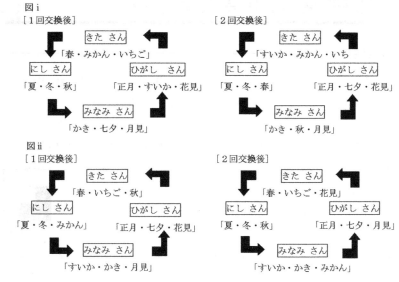

図ⅰ
［1回交換後］　　　　　　　　　　　　　［2回交換後］
きた　さん
「春・みかん・いちご」
にし　さん　　　ひがし　さん
「夏・冬・秋」　　「正月・すいか・花見」
みなみ　さん
「かき・七夕・月見」

きた　さん
「すいか・みかん・いち」
にし　さん　　　ひがし　さん
「夏・冬・春」　　「正月・七夕・花見」
みなみ　さん
「かき・秋・月見」

図ⅱ
［1回交換後］　　　　　　　　　　　　　［2回交換後］
きた　さん
「春・いちご・秋」
にし　さん　　　ひがし　さん
「夏・冬・みかん」　「正月・七夕・花見」
みなみ　さん
「すいか・かき・月見」

きた　さん
「春・いちご・花見」
にし　さん　　　ひがし　さん
「夏・冬・秋」　　「正月・七夕・月見」
みなみ　さん
「すいか・かき・みかん」

2 (1)　「を」を表すKコードは，
例3「ぱいぷをきる」の6番に
あたる。なお，「°」も1字扱い
になることに注意する。

(2)　図ⅰのようにミニコードのマスを表す。このとき，行を表すのは，A，B，C，D，E
であり，「さ行」を表すミニコードには，例2「でんわではなす」の9番と例4「やま，そら，
だいち」の4番を確認すると，Dにぬりつぶしがあるとわかる。また，段を表すのは，P，
Q，R，Sであり，「せ」は「え段」にあたる。よって，例1の4番を確認すると，QとRに
ぬりつぶしがあるとわかる。

図ⅰ

P	Q	A
R	S	B
E	D	C

(3)　図10の横列に当てはまるのは，8～11番目の文字である。
よって，「こんにちは，ゆうきです」のうち，「うきで」の部分を表す
ミニコードとなる。「う」→例1の3番，「き」→例1の7番，

図ⅱ

「で」→例2の1，2番で確認でき，図ⅱのようになるので，真ん中の横列を読むと，「010101100110」となる。

(4)　bを下にして読むと，図ⅲのようなミニコードとして読むことになる。これは，例1の
「え」のミニコードと等しい。

図ⅲ

(5)　bを下にして図8の6番から読んだとき，「しとてつせんちをすんりわ」のミニコードを
当てはめると図ⅳのようになる。これを，aを下にして読むには，右に90°回転させて読めば
よい。よって，図ⅴのようになる。これを読むと，「あかは，うえにおけ。」となる。

図ⅳ

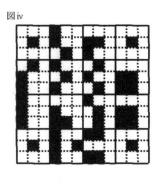

図ⅴ

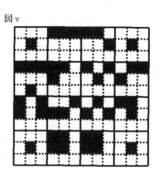

《解答例》

1　⑴まおさんグループ　ア．③　イ．感情をコントロールしたこと

ゆうきさんグループ　ア．①　イ．手伝ってくれた人へのお礼

⑵(例文)

選んだ人…ゆうきさん

私の提案は，ゴミをきちんと分別できるようにゴミ分別の方法を事前に知っておくことです。ゴミ分別表を，絵が得意な子に事前に作ってもらい，それを使って分別の仕方をみんなで確認します。また，地域清そうの1週間前に，商店街の人に地域清そうでやってほしいことをインタビューし，各学年でやることを決めておきます。力持ちの6年生には重たい荷物を運んでもらい，色分けしたゴミ袋を5年生に持ってもらい分別しやすくします。

2　(例文)先日，どしゃ降りにあった。自分たちのミスで，1点差で試合に負けてしまい，気分が晴れなかった。そこで，歩いて帰ったところ，急に雨が降ってきた。少しでも雨からのがれようと，クリーニング店ののき下で重たい気分で立っていた。すると，店の中から人が出てきた。おこられるかと思ったが，その人はわざわざタオルとTシャツを持ってきてくれて，「体をふいて，これに着がえて」と手わたしてくれた。おどろいて断ったが，よく見ると夏に参加したマラソン大会の記念Tシャツだったので，店の人の顔を見ると，その人が笑顔になった。マラソン大会で転とうしたときに，私が助けた人だったのだ。少し店の中で休ませてもらって外に出ると，雨はすっかり上がり，虹も見えていた。私は，すがすがしい思いで歌を口ずさんで帰った。

《解　説》

1　⑴　まおさんグループは，「良かったこと」として，③の感情をコントロールしたためにうまくいったことについて振り返っているところが，だいちさんのグループにはない良さである。ゆうきさんグループは，「良かったこと」として，①の手伝ってくれた商店街の人たちへお礼を言えたことについて振り返っているところが，だいちさんのグループにはない良さである。　　⑵だいちさん(公園)，まおさん(花だん)，ゆうきさん(商店街)の中で，書きやすい人(場所)を選べばよい。それぞれのグループの振り返りメモを読んで課題を見つけて，構想メモをとってから書き始めよう。例として，ゆうきさんのグループは，⑤で「ゴミの分別方法をきちんと調べておけば良かった」という課題をあげているので，それを解決できるような提案をすればよい。「コミュニケーションをとること」「計画的に取り組むこと」という目標を達成できるような，説得力のある具体的な提案であることを心がける。

2　二人の会話から，そらさんのその日の出来事を想像するためのヒントは，「すごくいいことがあった」「どしゃ降りの日」「サッカーの大会」「あと1点というところだったのに負けて～もやもやしていた」「いきなり雨が降ってきて～どうしようって困ってしまった」「クリーニング店ののき先で雨やどりをしていた」「店の人が出てきちゃって」「怒られたんじゃないの？」「ちがうんだよ(＝怒られてはいない)。あんなぐうぜんがあるんだと思った～なんだかいい気分になっちゃって家に帰れた」「実は，その人がね」などである。ぐうぜんだが，そらさんは，以前クリーニング店の人と何か関わりがあって，雨宿りをしたあと，とてもいい気分になったという記事にすればよい。また，記事を書く上での条件をすべて満たすように注意する。

《解答例》

1 (1)6　(2)みどり→しろ→あお→あか

(3)1回目…4人が全員ちがう種類の呪文カードを出す。　2回目…1回目で勝った呪文カードを除き，残りの3種類の呪文カードを出す。　3回目…1回目と2回目で勝った呪文カードを除き，残りの2種類の呪文カードを出す。

(4)[呪文の名前／魔法使いの名前]　[あかの呪文／G]　[しろの呪文／F]

(5)ウ. あお　エ. A　オ. B（エとオは順不同）　カ. みどり　キ. A　ク. B

2 (1)92　(2)ア. 57　イ. 4　ウ. 54　(3)エ. 後手　オ. 89　(4)カ. 27　キ. 5　(5)13

《解 説》

1 (1)　組み合わせは全部で，(あか，あお)(あか，みどり)(あか，しろ)(あお，みどり)(あお，しろ)(みどり，しろ)の6通りある。

(2)　4回の勝負でわかった呪文の強さを，呪文を強い順に並べて表すと，

「1回目：あお→あか」「2回目：みどり→しろ」「3回目：みどり→あお」「4回目：しろ→あお」

1回目と3回目から，みどり→あお→あか，とわかり，2回目と4回目から，みどり→しろ→あお，とわかるから，合わせて，みどり→しろ→あお→あか，となる。

(3)　参加者が4人の場合，一番強い呪文カードを出した人が2人以上いた場合の審判役の行動がはっきりと書かれていないが，【ゲームの手順】④で「一番強い呪文カードを出した参加者の名前を言います」とあるので，2人以上の名前を言う場合もあると考える。

解答例のように，まだ何番目に強いかわかっていない呪文カードがすべて出されるようにすることをくり返せば，3回ですべての呪文カードの強さの順番がわかる。

(4)　表3の強さの順番に合わせて，7つの呪文を①〜⑦とする。強さの順番で表3を並べかえると，右の表4になる。

「水」に呪文をかけたとき色が変わるのは，表2では「あかの呪文」だけで表4では⑤だけなので，⑤は「あかの呪文」である。

表2のうち「あかの呪文」より弱いのは「しろの呪文」だけであり，表4で⑤より弱い⑥と⑦のうち，「石」に呪文をかけたときにおきる変化が「しろの呪文」と同じなのは⑥だから，⑥は「しろの呪文」である。よって，「あかの呪文」はG，「しろの呪文」はFが使う。

表4

魔法使いの名前	「石」に呪文をかけたとき	「水」に呪文をかけたとき	呪文
E	光る	氷になる	①
C	割れる	氷になる	②
A	光る	氷になる	③
B	光る	氷になる	④
G	割れる	色が変わる	⑤
F	割れる	氷になる	⑥
D	光る	氷になる	⑦

(5)　(4)をふまえる。表2で残った「あおの呪文」と「みどりの呪文」は「あかの呪文」より強いので，表4の⑦はこのどちらの呪文でもない。表4の①〜④のうち，呪文をかけたときの変化が「あおの呪文」「みどりの呪文」と同じなのは，①，③，④なので，「あおの呪文」と「みどりの呪文」はこれらのいずれかである。

「あおの呪文」の方が「みどりの呪文」より強いので，「あおの呪文」は①か③である。

「あおの呪文」が①の場合，つまり，Eが使う呪文が「ウあおの呪文」の場合，③と④のどちらかが「みどりの呪文」となる，つまりエAとオBのどちらかが使う呪文が「カみどりの呪文」となる。

「あおの呪文」が ③ の場合，つまり，$_{\text{キ}}$<u>A</u> が使う呪文が「あおの呪文」の場合，④ が「みどりの呪文」となる，つまり $_{\text{ク}}$<u>B</u> が使う呪文が「みどりの呪文」となる。

2 (1) 「開成ナイン」のルールで最も気をつけなければならないのは，「数字が書けなくなったらそこでおしまい」というものである。例えば，図2のあと 6 の位置は右図Aのように決まり，先手が 4 の左に 7 を書くと，後手は 2 か 6 の左に 8 を書く。すると，9 を書くことができなくなってしまい，8 を書いた後手の勝ちとなる。

図2のあと，先手が勝つように進めていくと図Bのようになり，勝ち点は 92 となる。

図A

	2	1
	4	3
	6	5

図B

9	2	1
8	4	3
7	6	5

(2) 「数字が書けなくなったらそこでおしまい」というルールがあるので，縦横斜めのすべてのマスが数字でうまっているマスに数字を書くと，そこでゲームがおしまいとなる。このことをふまえて，ゲームの進め方を考えなければならない。

図5のあと，6 が 5 の右に書かれるか右上に書かれるかで場合分けをして考える。6 のあと先手も後手も勝つための最善手をくり返せば，右の図Cか図Dとなって，先手が勝ちとなる。先手も後手も最善手をとらなければ図Eのように先手が勝つこともある。図C，D，Eの勝ち点はそれぞれ 98，57，71 だから，最小の勝ち点は $_{\text{ア}}$ <u>57</u> である。

図C

9	8	1
3	2	7
4	5	6

図D

		1
3	2	6
4	5	7

図E

	7	1
3	2	6
4	5	8

先手が図5のように 3 を書いた時点では図Fのようになり，後手は 4 を a，b，c，d の $_{\text{イ}}$ <u>4</u> 個のマスに書ける状態になっている。4 のあと先手も後手も勝つための最善手をくり返すとすると，a ＝ 4 となった場合は図Gのように先手が勝ち，b ＝ 4 となった場合は図Hのように先手が勝ち，c ＝ 4 となった場合は図Cか図Dのように先手が勝ち，d ＝ 4 となった場合は図Iのように先手が勝つ。

これらの場合のうち最小の勝ち点は，図Hと図Iの $_{\text{ウ}}$ <u>54</u> である。

図F

a	b	1
3	2	
c	d	

図G

4	5	1
3	2	6
9	8	7

図H

5	4	1
3	2	

図I

		1
3	2	
5	4	

(3) 図6の 5 は 4 の右になる。その 5 の右に 6 をかき，このあと先手も後手も最善手をくり返すと，図Jのように後手の勝ちとなる。5 の右上に 6 をかくと，図Kのようになって先手の勝ちとなる可能性がある。よって，図6のようになったら $_{\text{エ}}$ <u>後手はうまく進めていけば必ず勝つことができ</u>，最大の勝ち点は図Jの場合の $_{\text{オ}}$ <u>89</u> である。

図J

2	8	9
3	1	7
4	5	6

図K

2		
3	1	6
4	5	7

(4) 10 級の人が 1 級になるためには級が 10 － 1 ＝ 9 上がらなければならないので，合計 3 × 9 ＝ $_{\text{カ}}$ <u>27</u>（ポイント）必要である。10 級の人が 1 級の人に連続して勝つ場合，級が上がっていくことで 1 回の勝ちから得られるポイントが減っていくことに注意する。右表のように $_{\text{キ}}$ <u>5</u> 連勝すれば，1 級になれる。

級	ポイント
10	0
↓1回勝ち	
7	10
↓1回勝ち	
5	17
↓1回勝ち	
3	22
↓1回勝ち	
2	25
↓1回勝ち	
1	27

(5) 10 級の 2 人を A，B とし，2 人の級が上がっていく過程を順に追っていく。ただし，2 人の級が同じときはもらえるポイントが少ないため，より少ない対戦回数で級を上げるために，2 人のうちポイントの多い方が連続で勝つものと考える。表にまとめると右のようになるので，2 人とも 7 級になるためには，最低でも，

3 ＋ 2 ＋ 2 ＋ 2 ＋ 2 ＋ 2 ＝ 13（回）対戦する必要がある。

A	B
級（ポイント）	級（ポイント）
10級（0）	10級（0）
↓Aが3回勝つ	
9級（3）	10級（0）
↓Bが2回勝つ	
9級（3）	9級（4）
↓Bが2回勝つ	
9級（3）	8級（6）
↓Aが2回勝つ	
8級（7）	8級（6）
↓Aが2回勝つ	
7級（9）	8級（6）
↓Bが2回勝つ	
7級（9）	7級（10）

《解答例》

1 （例文）共通する考え方は，人は役割によってえいきょうを受けるということです。アの人は，委員という役割になることによって，ボランティアの良さを知ることができました。イは，お年寄りが花の管理係という役割によって元気を取りもどした話です。ウは，お兄ちゃんという役割がいやだと言っています。アとイの例は，役割によってプラスのえいきょうを受けていますが，ウの例はこの段階ではマイナスのえいきょうを受けています。ここでは役割をいやがっていますが，このあとの成長につながるかもしれません。どちらにしても，人は何かの役割をもつことで，考え方や気持ちに変化が起こるということがわかります。

2 （例文）選択したスライドのアルファベット…①K　②F　③G

スライド①…なぜ思いやりは大切なのでしょうか。人は必ず他の人と関わって生きています。勝手な行動をすると，周囲の人がいやな思いをすることがあります。多くの人が笑顔で幸せに生きるために，思いやりは大切だと考えます。　スライド②…たとえば，大きな災害が起きた時に，少ししかない食べ物を独りじめするのではなく，分け合って食べることは，思いやりにあたります。それによって，みんなが温かい気持ちになります。　スライド③…このように，ひとりひとりが，小さなことでも周囲のことを考えて手を取り，助け合うことによって，人間関係が良くなり，だれもが楽しく生活することができます。だから，思いやりは大切なのです。

《解　説》

1 アは，「ボランティア委員になり～最初はいやいや活動に参加して」いたが，「今はとても楽しく活動して」いるという内容。イは，高齢者のための施設に入居している「部屋にこもりきりで，気力を失っているように見えた」お年寄りに「庭の花の管理係をお願いしたところ～毎日見回りをして，水やりや肥料について～教えて」くれるようになったという内容。ウは，母に「弟にやさしくするように言われている」が，弟をおこると「お兄ちゃんなんだから許してあげなさい」としかられることもあり，「弟のお世話なんて，ぼくはいやだ」といやがっているという内容。人は役割によってプラスやマイナスの影響を受けるという考え方が共通している。注意することは，感想や意見を書かない，書き出しは例を参考にする，原稿用紙の使い方の指示を守るということ。構想メモをとってから書き始めよう。

2 【ゆうきさんの発表メモ】を参考にするとよい。ゆうきさんの場合，スライド①でテーマについて聞き手に投げかけをし，スライド②で具体的な状きょうをあげながら意見を述べて，スライド③で「挑戦することの大切さ」の理由をまとめている。スライドの候補が限られているので，効果的に使えそうなものを3枚選びながら構想を練ると，「スライドにつながりのある発表原稿」を書きやすくなる。

《解答例》

1 (1)ア. 20　イ. A　ウ. 10　エ. 50　　(2)オ. ゴンドラBの乗り場〔別解〕コースEの終着点／ゴンドラCの降り場

カ. ゴンドラCの乗り場〔別解〕コースFの終着点／ゴンドラAの乗り場／コースDの終着点／ゴンドラCの乗り

場の列の中　　(3)キ. じゅん　ク. まこと　ケ. かつみ

(4)A→E→B→E→B→E〔別解〕A→E→B→E→B→D　　　(5)C→F→A→D→A→E

2 (1)①↑→↑　②↑→↑→　③↑↑↑→↑　(2)④右図　⑤右図

(3)↑↑←↑←↑↑　　(4)右図　　(5)右図

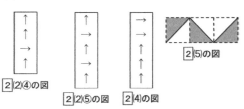

《解　説》

1 (1)　まことさんたち3人がオープン後すぐにゴンドラCの列の一番後ろに並んだ場合，九州高校の100人が乗る
のにゴンドラが100÷5＝20(台)必要だから，まことさんたちは21台目のゴンドラに乗る。オープンしてから0
分後に1台目が出発するから，21台目が出発するのは21－1＝20(分後)である。したがって，ゴンドラCの待ち
時間はア20分間である。最初にゴンドラAに乗れば10＋10＝20(分後)にはゴンドラAの降り場に着いて滑り始め
ることができるので，一番早く滑り始めるには，最初にゴンドラィAに乗ればよい。

ウについては，まことさんたちが列に並ばないものとして待ち時間を計算する。九州高校の100人の生徒に1番
から100番まで番号をふる。1〜5番の生徒がコースFを滑って再びゴンドラCの乗り場の列に並ぶのは5＋5＝
10(分後)である。96〜100番の生徒が最初に乗るゴンドラは最初から数えて20台目のゴンドラだから，20－1＝
19(分後)に乗る。したがって，1〜5番の生徒が2回目にゴンドラCに乗るのは20分後だから，待ち時間は
20－10＝ウ10(分間)である。

まことさんのメモの通りにすると，かつみさんとじゅんさんは20分後にゴンドラAの降り場に着く。本州高校の
生徒たちはコースDを滑り終えるとすぐにゴンドラAに乗れるので，かつみさんとじゅんさんが乗ったあとゴン
ドラAの前には列ができない。したがって，かつみさんは最初にゴンドラAの降り場に着いてから10＋10＝
20(分)ごとにゴンドラAの降り場にいる。このため，2時間後＝120分後には120÷20＝6(回目)にゴンドラAの
降り場に着いたことになるから，コースDを6－1＝5(回)滑り，10×5＝エ50(分間)滑ったことになる。

(2)　(1)をふまえる。まことさんのメモの通りにすると，じゅんさんはオープンしてから20分後にゴンドラAの降
り場に着く。ゴンドラBに乗るときに待つことはないから，このあとじゅんさんは10＋5＝15(分)ごとにゴンド
ラBの降り場に着く。したがって，(120－20)÷15＝6余り10より，12時の10分前にはコースEを6回滑って，ゴ
ンドラBの降り場にいる。このあとコースEを1回滑って(合計70分間滑ったことになる)12時ちょうどにはォゴ
ンドラBの乗り場にいる。

ゴンドラCには九州高校の生徒とまことさんしか乗らないので，九州高校の生徒を1〜100番，まことさんを101
番とする。96〜100番の乗るゴンドラの次に，101番と1〜4番が最初から数えて21台目のゴンドラに乗る。こ

れはオープンしてから 20 分後である。したがって，20 分経過するごとに，ゴンドラに乗る生徒の番号のうち一番小さい番号(ただし，101 番の次は 1 番とし，101 番と 1 番がいっしょに乗る場合は，1 番以降の生徒を除いて一番小さい番号)が 101－1 ＝100 後ろにずれるとわかる。ゴンドラに乗る番号を 20 分ごとにまとめると右表のようになるので，120 分後(12 時ちょうど)にまことさんは，コース F を 5 回滑って(合計 25 分間滑ったことになる)$_カ$ゴンドラ C の乗り場にいるとわかる。

オープしてからの時間	乗る番号
20分後	101，1～4
40分後	100～101，1～3
60分後	99～101，1～2
80分後	98～101，1
100分後	97～101
120分後	96～100

(3) (1)，(2)をふまえる。かつみさんは，12 時ちょうどにゴンドラ A の降り場にいる。そのあとコース E を滑ってからレストランに行くので，12 時＋10 分＋5 分＝12 時 15 分にレストランに着く。

じゅんさんは 12 時ちょうどにゴンドラ B の乗り場にいるので，12 時＋5 分＝12 時 5 分にレストランに着く。

まことさんは 12 時の 1 分後にゴンドラ C に乗るので，12 時 1 分＋5 分＋5 分＝12 時 11 分にレストランに着く。

よって，レストランに着く順番は，$_キ$じゅんさん，$_ク$まことさん，$_ケ$かつみさんの順である。

(4) ここまでの解説をふまえる。滑っていられる時間を一番長くするためには，ゴンドラの待ち時間とゴンドラに乗っている時間を一番短くすればよい。そのためには最初以外待つ必要がないゴンドラ A か，ゴンドラ B を何回も利用したいので，まず山頂に行きたい。山頂に最短で行くためには最初にゴンドラ A に乗ればよく，オープンしてから 20 分後に山頂に着く。コース D と E は滑る時間が同じで，ゴンドラ A と B では B の方が乗る時間が短いので，このあとは，コース E とゴンドラ B (合計 15 分間)をくり返す。2 回くり返したあとは，オープンしてから 20＋15×2 ＝50(分)が経過している。最後はコース E を滑ってもコース D を滑っても滑る時間が変わらないので，60 分間で滑る時間が一番長くなるルートは，A→E→B→E→B→E か A→E→B→E→B→D である。

(5) ここまでの解説をふまえる。まず 3 つのコースを 1 回ずつ最短で滑るルートを考える。

最初にゴンドラ C に乗ってから続けてゴンドラ B に乗る場合は，C→B→E→F→A→D と滑るのが最短であり，時間は 20＋5＋5＋10＋5＋10＝65(分)となるが，5 分間おそくしてちょうど 70 分間とする方法はない。

最初にゴンドラ C に乗ってコース F を滑る場合，C→F→A→E→B→D と滑るのが最短であり，時間は 20＋5＋5＋10＋10＋5＋10＝65(分)となる。これを 5 分おくらせるには，C→F→A→D→A→E とすればよく，ちょうど 20＋5＋5＋10＋10＋10＋10＝70(分間)となる。

2 (1) テープの模様は，右図のアイウエオの 5 つの矢印がくり返されている。

アイウエオアイウエオ…
↑→↑→↑ ↑→↑→↑ …

①一番上の段がイの矢印で終わっているので，真ん中の段はウエオの矢印が入る。

②一番上の段がオの矢印で終わっているので，真ん中の段はアイウエの矢印が入る。

③2 番目の段がエの矢印から始まっているので，一番上の段はオアイウの矢印が入る。

(2) (1)をふまえる。④一番下の段はオの矢印から始まっているので，ウの矢印で終わる。その真上の矢印はウから 4 つさかのぼった矢印だから，エが入る。同様に，その 1 つ上はオ，さらに 1 つ上はアだから，縦にアオエウの矢印が並ぶ。⑤2 段目の□の部分の右にはオアの矢印があるから，□にはエの矢印が入る。その 1 つ上はオ，1 つ下はウ，さらに 1 つ下はイ，さらに 1 つ下はアだから，縦にオエウイアの矢印が並ぶ。

(3) ガラス板の内側から見ると，(1)の図を左右逆にした右図のように模様が見える。

オエウイアオエウイア
… ↑←↑←↑ ↑←↑←↑

一番上の段の一番左がエの矢印で終わっているから，2 番目の段は右から順にオの矢印から始まり，矢印が 7 個並ぶ。したがって，左から順に，アオエウイアオの矢印が入る。

(4) (1)の図をふまえる。また，以下の解説ではテープの切れ目を「｜」で表す。各段に並ぶ矢印の個数は変わらないので，各段のテープの切れ目がすべてわかれば，周期の考えから各段の□をうめることができる。

「↑」が2個続いているだけでは，「→↑｜↑↑→」なのか「→↑↑｜↑→」なのかわからないので，「→」が2個続いているところを探すと，3段目にそのようなところが見つかる。したがって，3段目の表は「→□↑→｜→↑↑」と，エの前に切れ目があるとわかる。これより，2段目はウのすぐあとに切れ目があり，「↑↑↑」となっているところには必ず切れ目があるのだから，2段目の表は「↑□↑｜↑↑↑→↑」とわかる。

1段目はエのすぐあとに切れ目があり，2段目の切れ目より左に切れ目があるのだから，1段目の表は「↑→｜↑↑→↑→↑」とわかる。4段目の切れ目は3段目の切れ目より右にあり，「↑↑↑」となっているところには必ず切れ目があるのだから，4段目の表は「→□↑↑↑｜↑→」とわかる。これより，5段目はイの前に切れ目があり，4段目の切れ目より右に切れ目があるのだから，5段目の表は「↑□→↑→↑｜→」となる。

まとめると，右図のようになる(図では切れ目は太線)。ここから裏の矢印についても考えて，1つずつ□をうめてもよいが，以下のように考えるとよい。

切れ目は次の段にいくごとに，前の段の1つ右になる。模様は矢印6個の周期で，各段には表裏合わせて14個の矢印が並んでいるので，14÷6＝2余り2より，ある

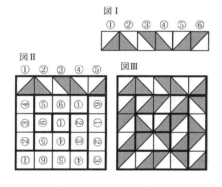

段の□のすぐ下の□に入る矢印は，2回の周期が終わってから2＋1＝3(つ)あとの矢印である。

したがって，1段目の□にはエの矢印が入るから，2段目の□にはエの3つあとのイ，3段目の□にはイの3つあとのオ，4段目の□にはオの3つあとのウ，5段目の□にはウの3つあとのアの矢印が入る。

よって，□には縦にエイオウアの矢印が並ぶ。

(5) テープをはる板を縦5マス，横5マスの正方形と考えると，テープの模様は右図Ⅰの①〜⑥の周期になっているとわかる。①〜⑥それぞれについて，黒い直角二等辺三角形がマスの中の左上か左下か右上か右下のどこにあるかによって分けて考えるとよい。

板の各マスに入る模様の番号と向きは図Ⅱのようになるから，完成させると，図Ⅲのようになる。

図Ⅰ
① ② ③ ④ ⑤ ⑥

図Ⅱ

図Ⅲ

《解答例》

1 (1)[道具やもの／工夫／目的]　[スーパーのレジ／バーコードで商品を読み取るようにする。／買い物をする人の待ち時間を短くする。]，[洗濯機／洗濯するところと脱水するところを分けずに一つにする。／洗濯する人の労力を減らす。]，[電子レンジ／ボタンの数を必要最低限にする。／機能をシンプルにして分かりやすく，使いやすくする。]，[非常ベル／カバーを付ける。／誤作動を防止する。]，[腕時計／ソーラーパネルを付ける。／電池を替える手間をはぶく。]　　(2)(例文)私は，缶詰の缶と牛乳パックを選びました。探究テーマは「開けやすさへの工夫の進化」です。缶詰の缶も牛乳パックも開けやすい工夫がされています。それぞれをより簡単に開けるためには，どのような工夫がされているか確かめたいです。さらに，開けやすさだけではなく，ものの強度を保つ工夫についても調べ，強度を保ちながら簡単に開けられるように進化させるための工夫について探求したいと考えました。

2 (1)賛成意見…(例文)紙タオルがあれば，みんなが手をふくので床がぬれなくなるから。／よごれたハンカチを使うことがなくなり，清潔になるから。　　反対意見…(例文)紙タオルをあてにして，ハンカチを持ってこない人が増えるから。／たくさんの紙を捨てることになるので，地球かん境に悪いえいきょうがあるから。

(2)(自分が賛成の立場である場合の例文)よごれたハンカチを使う人への感染しょう予防やハンカチを忘れた人のために，紙タオルを置く。最初は一人百円ずつ費用を集めるが，ポスターを作成して清潔なハンカチを持ってくるように呼びかける。そうすることで，紙タオルの使用量や集める費用も減らすことができ，みんなが清潔に過ごせるようになると思うから。

(自分が反対の立場である場合の例文)みんながハンカチを持ってくれば，お金をかけずに解決できるので，紙タオルは置かない。ハンカチ持参の呼びかけを行い，クラス同士で競争する。ハンカチを持参しない人が多かったクラスが手洗い場のゆかふきを担当する。そうすると，ゆかがきれいになるし，だんだんと多くの人がハンカチを持ってくるようになると思うから。

《解　説》

1 (1)　会話文の中で，けいたさんが「道具やものは，目的に応じた工夫をして進化している」と言っている。5つの道具やものをあげて，例にならって書く。問題文に「会話文の内容と同じ道具やもののことを書いても，あなたが思いついたことを書いてもかまいません」とある。解答例は会話文の内容と同じ道具やものについて書いてあるが，自分の思いついた道具やものでもよい。

(2)　関連性のある探究テーマが書けるものを＜道具やものの一覧＞の中から2つ取り上げる。＜けいたさんの探究テーマとその取組＞の文章を参考にして，「私は，○○と○○を選びました。探究テーマは～です。(探究テーマについての具体的な取組を書く)さらに～について探究したい」の形式で書くと，「探究テーマ」「取組」「発展的な探究活動につながるような新たな視点」の順序で，まとまりのある文章が書ける。

2 (1)　「児童会の予算を使って手をふくための使い捨ての紙タオルを買い，手洗い場に置いてはどうかという提案」について，賛成・反対の両方の立場に立って，その理由を書く。この提案の長所と短所をメモしてから書き始めると良い。長所は賛成意見の理由に，短所は反対意見の理由になる。

(2)　手洗い場に紙タオルを置いてはどうかという提案について，自分は賛成・反対のどちらの立場をとるかを決める。自分が賛成の立場なら，賛成意見を，それに反対する人(＝提案に反対の人)を納得させる具体的な方法を加えて書く。自分が反対の立場なら，反対意見を，それに反対する人(＝提案に賛成の人)を納得させる具体的な方法を加えて書く。

《解答例》

1 (1)3　(2)D　(3)かずきさん…3　あいこさん…2　こうきさん…1　(4)ウ．2　エ．2

(5)かずきさん…2　あいこさん…M　こうきさん…1

2 (1)1　(2)か　(3)最後の2のスタンプが押されるときに，マス以外の場所

にはみ出てしまうから。　(4)ウ．5　エ．4　オ．1　(5)24

(6)間違っている人…ひかる　間違っている理由…一番底の面を4と5で2回
スタンプしているから。〔別解〕図2の5の目の下にある面をスタンプして
いないから。※右のように図で示してもよい。

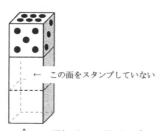

← この面をスタンプしていない

↑ この面を4と5で2回スタンプしている

《解　説》

1 1回目に引いたカードが1，2，3のとき，それぞれB，C，Dのマスに進む。

(1) 練習コースでは，Bのマスに進むと，そこから3マス進むので，ゴールできる。Cのマスまで進むと，そこから2マス進むので，ゴールできる。Dのマスに進むと，そのままDで止まるので，3のカードを引いた人だけがゴールできない。

(2) 本番コースでは，Bのマスに進むと，そこから2マス進むので，Dのマスで止まる。Cのマスに進むと，そこから1マス進むので，Dのマスで止まる。Dのマスに進むと，そこから3マス進むので，Gのマスで止まる。あいこさんとこうきさんは同じマスにいるので，2人ともDのマスにいることがわかる。

(3) (2)より，3人の1回目に移動したマスは，あいこさんとこうきさんがDのマス，かずきさんがGのマスである。Dのマスから1回の移動でゴールできるのは，2を引いてDからFのマスに進んで，そこから3マス進む場合のみである。したがって，ゴールしたあいこさんは，2のカードを引いた。2のカード以外でかずきさんがゴールできるのは，3のカードを引いたときだけなので，かずきさんは3のカードを引いた。よって，こうきさんは残りの1のカードを引いた。

(4) 会話から，1回目に引いたカードについて，あいこさんは1，かずきさんはM，誰も引かなかったカードは3なので，こうきさんは残りのウ2のカードを引いた。また，Dのマスから1回の移動でゴールできるのは，(3)の解説より，2のカードを引くときのみなので，こうきさんは2回目にエ2のカードを引いていない。

(5) 会話と(4)からわかることをまとめると，右表のようになる(カッコ内の文字は移動後のマスの記号，まだわからないところは記号をおいた)。

	1回目	2回目	3回目
かずきさん	M（A）	2（D）	ⓢ
あいこさん	⑫	3（G）	ⓣ
こうきさん	2（D）	⑬	ⓤ
余ったカード	3	ⓡ	3

⑫は，かずきさん，こうきさんの引いたカードと余ったカードから，1（D）とわかる。⑬で引いたカードについて，かずきさん，あいこさんの引いたカードから，残りの1またはMとわかる。こうきさんは1回目でCの指示に従っているので，2回目にCのマスに行かないとわかり，2回目にMは引いていない。したがって，⑬は1（E），ⓡはMである。

2回目が終わったときに，DとEにいるかずきさんとこうきさんは，カードの数だけでゴールすることはできないので，Fの指示に従うとわかる。したがって，3回目にかずきさんが引いたカードはⓢ2，こうきさんが引いたカードはⓤ1と決まる。余ったカードが3だから，あいこさんが引いたカードはⓣMと決まる。

2 あおいさんのやり方をふまえて考える。【あおいさんのメモ】から，横に転がすとき，スタンプが押される目の上下の数字は変わらないとわかる。AからBに転がすとき，右図①の○でかこんだ部分が，□でかこんだ部分に移動する。スタンプで押される3の左右の数の和が7であることから，3の右は6とわかる。

図①

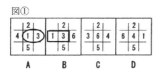

A　B　C　D

(1)　問題2の図の状態からサイコロを転がす様子を【あおいさんのメモ】のようにかいていくと，右図②のようになる。よって，Gのマスで押される目の数は1とわかる。

(2)　スタンプが押される目の数から，3の目まで右図③のように転がしているとわかる。よって，3の目のスタンプが押されるマスは「か」とわかる。

(3)　図③より，2の目は「か」のマスの下にスタンプされることになるとわかる。

(4)　問題4の左の図について，スタンプを押すことができるサイコロの目の数の順序が「1→4→5→1」であるとき，右図④のようになる。したがって，もう1つの転がし方は，サイコロを時計回りに転がしたときで，右図⑤のようになるから，スタンプを押すことができるサイコロの目の数の順序は，「1→ｳ_5_→ｴ_4_→ｵ_1_」となる。

(5)　問題4の右の図について，同じマスを通らずにすべてのマスにスタンプを押すことができるサイコロの転がし方は，図⑥～⑧の矢印のように転がす3通りある。したがって，押されたスタンプの目の数の合計は，図⑥の転がし方では1＋4＋5＋3＋1＋5＝19，図⑦の転がし方では1＋5＋6＋4＋5＋3＝24，図⑧の転がし方では1＋4＋5＋1＋3＋5＝19となる。よって，求める数は，24である。

(6)　3人が考えた数の順序から，それぞれ立体の展開図がどのようになるかを考えると，右図⑨～⑪のようになる。これらの展開図のうち，1列に6マス並んでいる図⑩は，組み立てても問題5の図1のような立体にならないとわかるから，間違っている人はひかるさんである。図⑩について，1列に6マス並んでいる「1→3→6→4→1→3」の面は，図⑫の色付き部分を上の面から順に1周する。このときに，まだスタンプが押されていない4つの面に図⑬のように記号をおく。6マススタンプを押した次の2は⑦の面に，その次の1は④の面に，その次の5は下の面にスタンプされるとわかる。下の面にはすでに4がスタンプされているので，下の面は4と5で2回スタンプされてしまうとわかる。また，最後の6は⑦の面にスタンプされるから，スタンプされない面は㋓とわかる。

図②　図③　図④　図⑤　図⑥　図⑦　図⑧

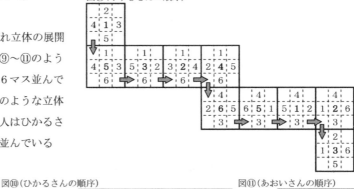

図⑨(みずきさんの順序)

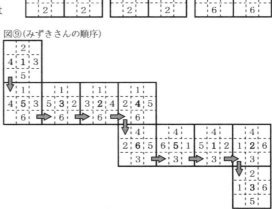

図⑩(ひかるさんの順序)　図⑪(あおいさんの順序)

図⑫　図⑬

㋔
(後ろの上)

㋕
(後ろの下)

《解答例》

1 (1)体力がつく。／病気の予防になる。／長生きできる。／楽しみが増える。／日々の生活が楽しくなる。／人とのつながりができる。／経済が活性化する。／強い選手が育つ。／強い心が育つ。／技術が上がる。などから4つ

(2)マラソン大会に，ボランティアとして参加する。／サッカーを観戦しに行き，応援する。

(3)[目的／取組内容]　[外国人観光客が日本語が分からず道に迷ったり，不安になったりしないために，／英語で書かれた看板を設置する。][より多様なスポーツに親しむ人を増やすために，／競技施設をたくさん建設する。][スポーツを支える人々と観光客が交流できるようになるために，／スポーツ選手と観光客が交流できるイベントを計画する。][観光客の方に，観光名所をより楽しんでもらうために，／観光施設を紹介するパンフレットを作成する。]

2 (1)①来場者や運営者のこまりに関すること　②ゴミに関すること　③来場者に関すること

(2)[付せんの番号／改善するためのアイデア]　[18／じゃがいもを郵送できるコーナーを設ける。][16／手などを洗う場所を設置する。][12／ボランティアの数を増やす。][12／食べ比べコーナーが人気なので，スペースを増やす。][17／ベニヤ板などを使って，会場の段差をなくす。]などから3つ　　(3)(選んだ提案が④の例文)このイベントにはスマイル町内や町外から多くの人が参加していましたが，ごみの分別表示が分からずにごみを捨てている人がいました。また，トイレの場所が分からずに困っている人もいましたが，ボランティアの人がすぐに対応できないことがありました。　(選んだ提案が⑤の例文)このイベントの目的は，スマイル町以外の人たちに特産品のじゃがいもを知ってもらうことでしたが，町外からの参加者が少なく，また，遠くから来た人たちが重いじゃがいもを持ち帰るのに苦労している姿も見られました。　(選んだ提案が⑥の例文)このイベントでは，役場の職員をはじめ，農家や地域の商店の人たち，ボランティアの人たちなどが運営しましたが，会場の案内や困りを抱えた人たちへの対応，ゴミの整理などたくさんの仕事があり，それぞれの担当者の数が足りなかったと思います。

《解説》

1 (1)　スポーツすることで得られる長所を，健康面や教育面から考えていくとよい。また，スポーツが人と人をつなぐ役割をもつことからもアプローチできる。現代社会では地域間の交流が昔と比べて少なくなっている。そのため，「子どもがスポーツを通して，学校や家庭以外の場所でも教育やしつけについて学んでいくことができる」といったよいこともある。

(2)　解答例の「マラソン」や「サッカー」をほかの競技名にしてもよい。大会にボランティアとして参加することで，選手側と運営側の両方からスポーツを楽しめるといったよさがあり，客観的にレースや試合を見ることで自身のモチベーションアップにもつながる。また，スポーツ観戦にはその場所でしか味わえない迫力があり，観客席から感じる応援と熱気によってストレスが発散できるといったよさもある。

(3)　目的については，かいせい市による観光客へのアンケートで挙げられている「日本語が分からなくて困った」「看板などの案内や表示が分かりにくかった」などの意見に対する解決策を考えていくとよい。また，市役所の方が「今後は，もっとスポーツをする人たちを増やしていきたい」「かいせい市でウィンタースポーツに親しむ人は，最も多かった時とくらべて半分くらいになっています」と言っていることから，スポーツに関する人口増加や交流場所の提供などのアプローチもできる。取組内容については，市役所の方がスポーツツーリズムについて「スポー

ツを見に行くための旅行や，旅行先での観光，スポーツを支える人々との交流など，スポーツに関わる様々な旅行のこと」と説明していることを参考に考えよう。

2 (1)　BとEが「〜に関すること」という形式なので，A・C・Dも同様にする。　　①　4は「お年寄り」が，6は「子ども」が，7・11は「担当者」がこまったことである。「お年寄り」と「子ども」が来場者であるのに対して，担当者は運営者としてまとめればよい。　　②　2の「油がたくさん出た」，13の「生ゴミがたくさん出た」，14の「ゴミ箱がすぐいっぱいになってしまった」に共通するのはゴミがたくさん出たということである。　　③　1の「町外からの参加がとても少なかった」，9の「中学生や高校生の参加が少なかった」に共通するのは参加者(来場者)についての気付きである。

(2)　付せんに書かれた内容と関連がある，具体的な改善案を考える。

(3)　④は，「会場内の案内や表示を分かりやすくするため」の工夫を提案しているので，5や10のボランティアの気付きをもとに前半を書けばよい。⑤は，「イベントを知ってもらう」「じゃがいもを送ることができるコーナーをつくる」という提案をしているので，1や18のボランティアの気付きをもとに前半を書けばよい。⑥は，「一部の担当者たちの負担が大きくなりすぎないように」するという提案である。会場の案内や来場者への対応，イベントの運営方法などについて問題があったことを具体的に取り上げて書けばよい。

《解答例》

1 (1)5，10　　(2)5　　(3)6　　(4)自分のカードの数字が☆ではないことが分かった。

(5)　よしこさんが全員のカードの数字を足した数を3か4か5か6と答えて，ゲーム主人がそれを正しいと言ったことにより，よしこさんは，自分のカードの数字が0，1，☆ではないことを分かっている，ということをともみさんは理解した。

次に，よしこさんは，他の2人の数字が0と1であることを知っていることから，この2人の数字を自分の数字ではないと判断したと，ともみさんが考えた。

よって，ともみさんは，この2つの数字のうち，1はたかしさんの数字であることが分かっているため，自分の数字が0であると分かった。　　(6)2

2 (1)ア．E　イ．校舎の北側　ウ．体育館の裏側　　(2)体育館の裏側…E　前庭…A，D　校舎の北側…B，F

(3)A．青　B．赤　C．紫　D．青　E．白　F．赤

(4)G－校舎の北側，J－前庭

《解　説》

1 (1)　ともみさんの数字が2，たかしさんの数字が1だから，よしこさんのカードの数字は，7－2－1＝4より大きく，17－2－1＝14より小さいとわかる。したがって，よしこさんのカードの数字は，5か10のどちらかである。

(2)　よしこさんの数字は10ではなかったので，5となる。

(3)　ともみさんの『私が「全員のカードの～」と聞いていたら，～』というセリフより，イに入る数字は実際に質問した7以外の数字であるとわかる。たかしさんとよしこさんの数字の和が，1＋5＝6とともみさんは知っているから，3人の数字の和が6より大きいか質問することで，0が自分のカードか確かめることができる。

(4)　☆は5を引くという作用があるので，☆を引いた人がいる場合，自分以外のカードの和が0より大きくならない人がいるはずである。

(6)　ともみさんのカードが0で，ゲーム中にたかしさんが自分の可能性があるカードは，1か3か4と言っているので，よしこさんのカードとして可能性のあるカードは，2，5のどちらかである。

よしこさんのカードの数字が2である場合，たかしさんから見たとき，3人の数字の和が3とすると自分のカードは1，和が4とすると自分のカードは2，和が5とすると自分のカードは3，和が6とすると自分のカードは4の可能性があり，2はよしこさんのカードなので，自分の可能性のあるカードは1，3，4と考えられる。これはゲーム中のたかしさんのセリフに合う。見方を変えると，ともみさんとたかしさんのカードの数字の和が1となるとわかる((5)の解答参照)が，たかしさんはゲーム中に気づけなかったことも，たかしさんのセリフに合う。

また，よしこさんのカードの数字が5である場合，たかしさんから見たとき，3人の数字の和が3，4，5となることはなく，和が6とすると自分のカードは1と決まってしまい，ゲーム主人がたかしさんに2回目の質問をする前のよしこさんが質問に答えたときにわかるため，ゲーム中のたかしさんのセリフに合わない。

よって，よしこさんのカードの数字は2とわかる。

2 (1) ア．適した土の特徴（とくちょう）が「どちらの土でも良い」になっているのはEだけである。イ，ウ．Eは適した場所が「日かげ」だから，「体育館の裏側」か「校舎の北側」の花だんで育てる。Eのほかに適した場所が「日かげ」になっているのはBとFで，土の特徴からBは「体育館の裏側」の花だんに種をまいた後，花が咲く1週間前に「校舎の北側」の花だんに植え替（か）える必要があり，Fは「校舎の北側」の花だんで育てる。6月に種をまいて9月に花が咲くEを「校舎の北側」の花だんで育てると，8月に種をまくFを育てることができなくなってしまうから，イは「校舎の北側」，ウは「体育館の裏側」が適する。

(2) (1)解説より，「体育館の裏側」の花だんではE，「校舎の北側」の花だんではBとFの花を咲かせる。AとDは，どちらも「かたい」土で，「日なた」が適していて，咲いている時期や種まきの時期が重なっていることもないので，「前庭」の花だんで花を咲かせればよい。

(3) 表ⅠにA～Fについてまとめた。同じ花だんに花を咲かせるAとD，BとFはそれぞれ同じ色にしなければならないから，まず，BとFが「赤」に決まる。BとFを「赤」に決めると，Eは「白」，Cは「紫（むらさき）」，AとDは「青」と順に決まっていく。

(4) 表Ⅰと同様に，G～Jについて表Ⅱにまとめた。Gは，5月に種をまくが，温室で育ててから7月に花だんに植え替えるので，BやFと重なることはなく，赤い花を咲かせることができる。Hは，Cの後に育てることになるが，Cの条件に「花が咲き終わってから翌年の4月までその花だ

表Ⅰ

	花だんの場所	種まき	開花	花の色
A	前庭	12月	4月	紫，青
B	校舎の北側	4月ごろ	6月	紫，赤
C	校舎とグラウンドの間	4月ごろ	7月	紫，赤，白
D	前庭	5月ごろ	8月	紫，青，白
E	体育館の裏側	6月ごろ	9月	白，赤
F	校舎の北側	8月	10月	青，赤

表Ⅱ

	花だんの場所	種まき	開花	花の色
G	校舎の北側	5月	7月	赤
H	校舎とグラウンドの間	8月	9月ごろ	紫
I	体育館の裏側	4月	6月ごろ	白
J	校舎とグラウンドの間・前庭	9月	10月ごろ	青

んは使えない。」とあるので，種をまくこと（花を咲かせること）はできない。Iは，4月に種をまくと約2か月後の6月ごろから1か月花が咲くことになり，Eの種をまくことができなくなってしまい，計画を変更することになるので，Iの花を咲かせることはできない。Jは，Hと同様に「校舎とグラウンドの間」の花だんでは花を咲かせることはできないが，「前庭」であればAやDと重なることはなく，青い花を咲かせることができる。したがって，Gの花を「校舎の北側」の花だんで，Jの花を「前庭」の花だんで咲かせることができる。

《解答例》

1 (1)個室のスペースを広くしている。／個室の中に洗面台を設置している。／便器の両側に手すりを付けている。／便器に背もたれを付けている。／温水洗浄便座になっている。／出入口が引き戸になっている。／手をかざすと水が流れるようになっている。／ドアの鍵がかけやすくなっている。／緊急用の呼び出しボタンが付いている。／引き戸に手すりを付けている。　　　(2)トイレBはトイレAよりもスペースが広くなっている。スペースが広いことによって，車イスや松葉づえを使用している人が個室内を移動したり，車イスから便器に移動したりすることがしやすいという点において便利だと言える。　　　(3)新たに加える工夫…トイレの出入口を自動で開閉する引き戸にし，ボタンを押すと鍵の開け閉めができるようにする。　その工夫によって使いやすくなる点…自動で開閉する引き戸とボタン式の鍵にすることによって，車イスや松葉づえを使用している場合に，少ない負担でトイレに出入りすることができる。

2 (1)高校生では，コミュニケーションでインターネットを活用している割合が一番高い。／中学生では，動画でインターネットを活用している割合が一番高い。／小学生では，ゲームでインターネットを活用している割合が一番高い。／ゲームでインターネットを利用している人の割合は，小学生が一番高い。／ゲームとその他以外は，小中高と年れいが上がるほど利用者の割合が高い。　　　(2)高校生の約9割がコミュニケーションにインターネットを利用しており，5時間以上インターネットを利用している高校生は25％をこえていることが分かる。このことから，5時間以上インターネットを利用している高校生は，必ずコミュニケーションにインターネットを利用していると予想する。この予想が正しいかどうかは，5時間以上インターネットを利用している高校生の利用内容を調査して判断する。

《解　説》

1 (1)　気づいた工夫を，他の人に意図が伝わるよう，文にまとめよう。採点基準は，気づいた工夫1つにつき2点で，同じ工夫を別の言い方で表現している解答が複数ある場合は，そのうち1つのみを正解とする。また，「洗面台や鏡が低いところに設置されている」などの解答例以外の解答でも，写真から読み取ることのできる工夫であれば，正解とする。

(2)　解答例のほか，「トイレBには便器の両側に手すりが付いている。手すりを付けることによって，車イスを使用している人や足腰の弱った高齢者などが便器に移動する際に体を支えられるという点において便利だと言える。」「トイレBは出入口が引き戸になっている。扉を引き戸にすることによって，車イスを使用している人が個室内で方向転換させるスペースを十分に持てるという点において便利だと言える。」などもよい。

(3)　もし自分が高齢者や車イスを使用する人の立場だったらどこで利用しにくいと感じるか，また，それを解決するためにはどのように改装するべきかを考えて，具体的に説明しよう。解答例のほか，新たに加える工夫として「温風で手をかわかす機械を洗面台の隣に設置する。」をあげて，使いやすくなる点を「低い位置にハンドドライヤーを設置することで，車イスを使用している場合でも座ったまますぐに濡れた手を乾かすことができる。」とまとめてもよい。また，オストメイト(人工肛門・人工膀胱造設者)のパウチを洗浄できる温水シャワーや，障害児や車イス使用者のおむつ交換や衣服の着脱ができる多目的シートの設置を新たに加える工夫としてあげてもよい。

2 (1) 資料１のデータから「確実に『分かること』」の例を以下にあげる。高校生・中学生・小学生，それぞれどのような「利用内容」でインターネットを活用している割合が一番高いかということ。それぞれの「インターネットの利用内容」で，最も利用している割合が高い(または低い)のは，高校生・中学生・小学生のいずれかということ。「ゲーム」と「その他」以外の「利用内容」は，高校生→中学生→小学生と年齢が下がるほど活用している割合が低くなっているということ。同じ内容を別の言い方で表現しても，正解は１つとなるので注意する。読み手に意図が伝わるように書くこと。

(2) 条件ア・イ・ウ・エのすべてを満たして書くために，まずメモを取ってから書き始めよう。ア→イ→ウ→エの順番に考えれば文章が組み立てられるはずだ。解答例では，「高校生の〜25％を超えていることが分かる」の部分が，条件ア(＝「資料１と２の２つのデータから，確実に『分かること』」)を満たしている。「このことから〜と予想する」の部分が，条件イ(＝「現状に関するあなたの『予想』」)を満たしている。「この予想が正しいかどうかは〜調査して判断する」の部分が，条件ウ(＝「『予想』が正しいかどうかを判断するために必要なデータについて，あなたの考え」)を満たしている。条件エ(字数指定)を満たしていないものは，条件ア・イ・ウを満たしていても０点なので注意する。すべての条件を満たし，文章全体がわかりやすく表現されているか，書き終わった文章をていねいに校正する。

《解答例》

1 (1)右図　(2)ア. △　イ. △　ウ. △　エ. △

(3)1, 4　(4)3, 6

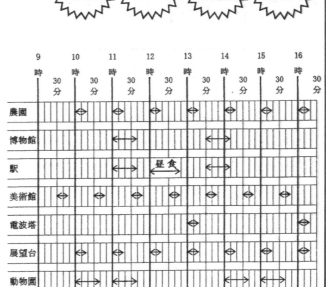

2 (1)右表

(2)※ア. 農園　※イ. 展望台(※アとイは順不同)

※ウ. 博物館　※エ. 駅(※ウとエは順不同)

※オ. 美術館　※カ. 公園(※オとカは順不同)

※キ. 電波塔　※ク. 展望台(※キとクは順不同)

ケ. 農園

(3)1番目…美術館　2番目…動物園

3番目…博物館　4番目…電波塔

5番目…駅　　　6番目…公園

7番目…展望台　8番目…農園

〔別解〕

1番目…公園　　2番目…展望台

3番目…博物館　4番目…電波塔

5番目…駅　　　6番目…美術館

7番目…動物園　8番目…農園

《解 説》

1 (1) 一番右の歯車を左にまわすと，他の歯車は図1のように動くので，

1回分まわしたときは解答例のようになる。

(2) 歯車を2回分まわすと，歯車の模様は図2のようになる。大きい三角形の

上の部分をかけばよい。

(3) けんたさんはBの位置を選んだので，大きい三角形の左下の三角形に注目する。(1)の解答をみると，けんたさんの三角形の並びと同じであるとわかる。歯車を3回分まわすと元に戻るので，けんたさんのサイコロの目は1か4である。

(4) はるなさんとけんたさんの一番左の三角形は，2人とも一番弱い白色の三角形である。館長さんは，2人に負けているので，館長さんの一番左の三角形も一番弱い白色の三角形とわかる。したがって，3人の左側から二番目の三角形で勝敗が決まる。左側から二番目の三角形は，はるなさんが一番強い二重の三角形，けんたさんが二番目に強い黒色の三角形だから館長さんが一番弱い白色の三角形ならば，1位がはるなさん，2位がけんたさん，3位が館長さんとなる。館長さんはCの位置を選んだので，大きい三角形の右下の三角形に注目する。その位置の三角形が白色の三角形になるような歯車の模様は歯車をまわしていないときの図があてはまるので，サイコロの目は3か6である。

2 (2) 取材できる時間帯がまったく同じ組み合わせは，(1)の表より，【博物館】と【駅】，【農園】と【展望台】である。このうち，取材できる時間帯がたくさんあるのは，ァィ【農園】【展望台】，2回しかないのはゥェ【博物館】【駅】である。

一番早い時間帯に取材できるのは，ォヵ【美術館】【公園】とわかる。一番遅い時間帯は，16時から16時20分で，【農園】，【電波塔】，【展望台】である。この3か所で，学校までかかる時間が10分をこえる場所は，ヵキ【電波塔】【展望台】である。また，学校に着くまでの時間が一番短いのは，ヶ【農園】である。

(3) (2)より最後に行くのは，【農園】である。【農園】に行く16時には，【電波塔】には行けない。【電波塔】はもう1回の取材時間の13時に行く。【電波塔】のあとに【博物館】か【駅】に行きたいが，移動時間を考えると【博物館】に行くのに15分かかり間に合わないが，【駅】へは5分で行けるので【駅】に行く。よって，【博物館】は11時に行く。ここまででわかることを，表の太字であらわした。

残りの【美術館】【展望台】【動物園】【公園】への行き方を考える。

一番早い時間に行けるのは，【美術館】か【公園】である。まず，1番目に【美術館】に行くときを考える。【美術館】から【展望台】までの移動時間は20分なので，11時に間に合わない。【動物園】までの移動時間は，5分なので間に合う。【動物園】から3番目の【博物館】までの移動時間は10分で11時に間に合う。残りの【展望台】と【公園】について，【公園】は14時30分に行かないといけないので，6番目になり，7番目は【展望台】となる。このときの移動時間は間に合うので右表のAの順番になる。

同じように，【公園】に最初に行った場合を考えると，右表のBの順番になる。

	A	B
1番目	美術館	公園
2番目	動物園	展望台
3番目	**博物館**	
昼食	**駅**	
4番目	**電波塔**	
5番目	**駅**	
6番目	公園	美術館
7番目	展望台	動物園
8番目	**農園**	

┌─《解答例》─

1 (1)1．スキーを楽しむことができる。　2．雪祭りなどの行事を楽しむことができる。　3．冬が旬のおいしい食べ物が多い。　4．雪だるまを作ったり、雪合戦をしたりなど、雪で遊ぶことができる。　5．きれいな雪景色を楽しむことができる。

(2)1．雪かきをするのに苦労する。　2．交通機関が乱れることがある。　3．寒くて体調をこわしやすい。　4．滑って転び、けがをしやすくなる。　5．自転車に乗ることができない。

(3)冬の間は寒く乾燥しているので、体調をこわしやすいと思うかもしれませんが、建物の中は暖かく過ごしやすいため、すぐに慣れるはずです。なんといっても、私が暮らしている札幌は、冬にたくさんの雪が積もるので、スキーなどの冬のスポーツを楽しむことができます。一面、雪景色の中でスキーをすることはとても感動的で、体にも心にもよい効果があります。ぜひ、札幌で快適な生活を送ってください。

2 (1)各自の得意、不得意に応じた役割分担になっていないため、話し合いがスムーズに進んでいない。／言いたいことがあるはずなのに、意見を言うことができない。／それぞれが、ばらばらなことを言っていて、話がかみ合っていない。／じっくりとお互いの意見を考えずに賛成している。／感情的になって議論がとまってしまう。／一人の意見が強くなりすぎて、他の人が意見を言えない形になっている。／結論を出すことを目的としていたため、各自の考えが深まっていない。　などから5つ

(2)私は、じっくりとお互いの意見を考えずに賛成していることが課題だと考えました。このことによって、テーマについての議論が深まらず、表面的に納得するだけで終わってしまうという問題点が発生することが考えられます。この問題点を解決するために、お互いの意見の違いをじっくり考えて、どの点に違いがあるのかということについて議論することを提案します。

《解　説》

1 (1)　「『東京から札幌へ移住する人を増やそう』というキャンペーン」なので、東京にはない、札幌ならではの冬の魅力(みりょく)を考える。ウインタースポーツ、冬のイベント、冬の景色、冬の味覚、雪を使った遊びなど、楽しむことができるものを取り上げよう。

(2)　札幌の降雪量は、平均で年間約６メートルにもなるので、冬には雪かき・雪下ろしが欠かせない。また、凍(こお)った道路や雪道は転びやすいので、注意が必要だ。吹雪(ふぶき)や積雪で渋滞(じゅうたい)したり、交通機関が乱れたりすることもある。東京で生活している人が経験したことのない、雪や寒さによる影響(えいきょう)を、自分の身近な生活から取り上げよう。

(3)　(2)で取り上げた冬の課題は、移住者が不安に思っているはず。その課題について、札幌ではどういう対策がされているかを説明しよう。不安だけを書いて、それを「できるだけ少なくする」方法を書いていないものは減点。不安を和らげた上で、移住したくなるような「札幌の冬の魅力」をアピールしよう。(1)で取り上げたものを書くだけでなく、それを「一層伝える」にはどうしたらよいかを工夫しよう。「一層伝える」表現がないと減点になるので注意。手紙を読んだ人が具体的にイメージできるように、自分の体験や感想などを書くとよい。

2 (1)　「書いてまとめるほうが好き」というかなえさんが司会をし、「書くのに忙(いそが)しくて、あまり自分の意見が言えない」「記録していると、なかなか考えられない」と思いながらまことさんが記録係をしている。それらは他の人から言われてしかたなく引き受けた役割であり、各自の得意なことを活かした分担にすれば、話し合いはよりスムーズになったと考えられる。「どうして、全部ひらがなじゃないんだろう」という話をしていたのに、それについて聞かれたまことさんが「『ー』には、どんな意味があるのだろう」と話題を変え、さらにさくらさんも「『そのすがたがうれしい』って、おかしな文だよね」と言って、「なんかみんな、ばらばらなことを話していて、今、何について話し合ったらよいのかが分からなくなってきた」という状態になってしまったのも良くない。「声の大きいかなえさん〜きっと正しいと思うよ」「かなえさんが言うならそれでよいと思うよ」「時間もないから考えるのをやめにして、ゆうたさんの意見に賛成ということにするよ」などと、内容についてあまり考えずに賛成しているので、話し合いが深まっていないといえる。また、「そんなこと言ったらかなえさんがかわいそうだ」「かなえさんのことが嫌(きら)いなのかい」といった感情的な発言が見られること、「うーん、何か違(ちが)うような気もするけれど」と小さな声で言っていたまことさんが、「何か意見がありますか」と聞かれると、「いや、特にありません」と言って、言いたいことを言えない状態になっていることも、話し合いのあり方として良くない。「そろそろ結論を出そうよ。なんか疲(つか)れてきちゃったし」「じゃあ、ゆうたさんの意見が私たちの話し合いの結論ということでよいかな」と、議論が深まらないまま、一人の意見にたよって結論を出してしまっているのも問題。問いには「他の人に伝わるような文にして」とあるので、あいまいな言い方をしたり、文が長すぎて始めと終わりがつながらなかったりすることがないように、明確な説明を心がけよう。

(2)　字数と書き方についての条件エを満たしていないと、点数がもらえない。それを満たした上で、条件ア〜ウがきちんと守られているかどうかで、それぞれ点数が与えられる。まず、「必ず一つだけ」とあるので、２つ以上盛りこんではいけない。そして、条件イに「具体的に」とあるのに従い、どういう問題が起きるかを、実際の話し合いの場面を想像して書こう。その問題を「改善する」にはどうしたら良いと思うか、条件ウに「具体的な例を示しながら」とあるのを守って、自分の意見をまとめよう。

《解答例》

1　(1) 85688〔別解〕58688　　(2)たて…D　よこ…エ　　(3) 45485484〔別解〕45458484

　　(4)たて…H　よこ…イ　　(5)たて…E　よこ…カ　／　東

2　(1) 2　　(2)イ…△　ウ…□　　(3)エ…ファイル　オ…クレヨン　　(4)ハサミ／ファイル／折り紙／クレヨン

　　(5)□→◎→△

　　(6)◎…1　○…3　△…1　□…1　／　◎…2　○…2　△…1　□…1　／　◎…1　○…2　△…2　□…1

　　のうち1つ

《解　説》

1　(1)　右の図の矢印にしたがって，北に3マス進んでから，東に4マス進めばよい。
キーボードを押す回数を最も少なくするから，北向きに3マス進むには，85か，
58の順で押せばよい。このあとY地点へ行くには，X地点で時計回りに90度回
転してから前へ4マス進めばよいから，688の順で押せばよい。
したがって，85688か，58688の順となる。

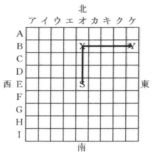

(2)　6を押すとその場で回転するだけだが，4を押すとその場で回転してから前
に1マス進むので，開成ロボは，8か54を押したときに進む。

はじめの68で，時計回りに90度回転してから2マス進むので，東向きに2マス進んで，たてE・よこキまで進
む。続く665で，時計回りに90＋90＝180(度)回転してから1マス進むので，西向きに1マス進んで，たてE・
よこカまで進む。続く65で，時計回りに90度回転してから1マス進むので，北向きに1マス進んで，たてD・
よこカまで進む。最後の45で，時計回りに270度回転してから1＋1＝2(マス)進むので，西向きに2マス進ん
で，たてD・よこエにたどり着く。

(3)　S地点に北向きで置くから，最初に4を押して西向きに進み始めると，キー
ボードを押す回数が少なくなる。このため，右の図の矢印にしたがって進めば，
キーボードを押す回数が最も少なくなる。

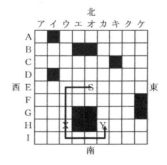

最初に西向きに2マス進むには，45の順で押せばよい。続けて，南向きに4マ
ス進むには，485の順で押すか，X地点に止まる必要がないので458の順で
押せばよい。続けて，東向きに3マス進むには，48の順で押せばよい。最後に
北向きに1マス進むには，4を押せばよい。

したがって，45485484か，45458484の順となる。

(4)　フィールドは(3)と同じだが，開成ロボを置く向きが西向きであることに注意する。

はじめの85で西向きに3マス進み，たてE・よこイまで進む。続く65で，時計回りに90度回転してから北向
きに1マス進もうとするが，壁にぶつかるので，さらに180度回転して南向きに1マス進み，たてF・よこイまで
進む。続く8で，南向きに2マス進み，たてH・よこイまで進む。最後の45で，時計回りに270度回転してから

東向きに2マス進もうとするが, 1マス進んだところで壁にぶつかるので, 180度回転して西向きに1マス進み, たてH・よこイにもどる。したがって, たてH・よこイにたどり着く。

(5) 最後に4を押したことで, Z地点に西向きでたどり着いたから, その直前は, たてD・よこケのマスに北向きでいたことがわかる。たてD・よこケのマスには5を押したときに移動したから, その移動は北向きの1マスの移動である。つまり, たてE・よこケからの移動である。このマス(たてE・よこケ)に着いてから押したのは6と5であり, 6を押したときの回転で北を向くことができない(このマスよりも東から西向きに移動してこなければならないため)ので, 6を押したときに南にある壁を向き, 5を押したときに壁にぶつかって向きをかえ, 北向きに1マス進んだ。したがって, たてE・よこケのマスには, 西から東向きに移動してきた。はじめの85で, 置かれたマスから向きをかえずに3マス進んだから, 開成ロボを置いたのは, たてE・よこケのマスの3マス西にある, たてE・よこカのマスである。また, 置いたときの向きは東である。

2 (1) 3枚渡した人は最後の1枚を返されていることと, 7ページの1つ目の原田さんの発言から, 2枚で1つの文房具がもらえるとわかる。

(2) 7ページの1つ目の北川さんの発言から, ファイルとハサミをもらった小林さんは, 「△, □, ○, □」の順でカードを渡したとわかるので, ハサミは, 「△, □」か, 「○, □」の順で渡したときにもらえる。一方, 野口さんは, 「□, ○, △, □」の順で渡してハサミとクレヨンをもらったから, ハサミがもらえるのは, 「△, □」の順で渡したときとわかる。

(3) (2)の解説から, ファイルは「○, □」の順で渡したとき, クレヨンは「□, ○」の順で渡したときにもらえるとわかる。

(4) ○と△と□を1枚ずつ持っているから, 2枚を渡す順番は, 「○, △」「○, □」「△, ○」「△, □」「□, ○」「□, △」の6通りある。このうちの「○, □」と「△, □」と「□, ○」は, (2)と(3)から, それぞれファイル, ハサミ, クレヨンがもらえるとわかる。また, 「□, △」は, 7ページの1つ目の原田さんの発言から, 折り紙がもらえることがわかる。残りの「○, △」「△, ○」はもらえる文房具がわかっていないから, 確実にわかるのは, 以上の4つである。なお, 残りのどちらか(あるいはどちらも)が, 筆のもらえる順番である。

(5) (2)から, 最初の2枚の順番は「△, □」でないとわかる。また, 7ページの1つ目の原田さんの発言から, 「□, △」「◎, △」「◎, □」ではないとわかる。さらに, 7ページの最後の山田さんの発言から, 「△, ◎」ではないとわかる。したがって, この人が画用紙をもらえたのは「□, ◎」であり, 3枚目に△を渡したとわかる。

(6) (5)まででわかっているカードの順番ともらえる文房具をまとめると, 右の表のようになる。なお, ※1と※2は, 7ページの最後の野口さんの発言から, どちらかがのりで, 他方がファイルであるとわかる。この表から, もらえる文房具でカードの順番が

	2枚目			
	◎	○	△	□
1枚目 ◎	ボールペン	消しゴム	色えんぴつ	ファイル
○			(筆?)	ファイル
△	のり	(筆?)	※1	ハサミ
□	画用紙	クレヨン	折り紙	※2

わかっていないのは絵の具, ノート, 定規の3つとわかるので, これらの文房具は, 「○, ◎」「○, ○」「○, △」「△, ○」のいずれかの順番でもらえることになる。ただし, 「○, △」「△, ○」のどちらかは筆がもらえる順番である。

以上のことから, 画用紙は◎1枚と□1枚でもらうことができ, 筆は○1枚と△1枚でもらうことができるが, 絵の具をもらうのに必要なカードの組み合わせは, 「○2枚」「◎1枚と○1枚」「○1枚と△1枚」の3通りとわかる。画用紙と絵の具をもらうのにすべての種類のカードが1枚ずつ必要だから, それらに絵の具をもらうのに必要なカードの組み合わせ1通りの枚数を加えて答えればよい。

《解答例》

1　(1)①なぜ雪は溶けると水になるのか　②雪の恐ろしさをどのように伝えると良いか　③雪を利用して観光客を集めることはできるか　④雪で雪像をつくることは誰が考えたのか　⑤昔と比べて除雪は良くなったのか　⑥雪の結晶はどのように見えるか　⑦札幌と同じくらい雪が降る海外の都市はどこか

(2)⑧しくみ　⑨雪が溶けるしくみはどのようになっているか

(3)例1の場合…「美しさ」という言葉から「なぜ人は雪を美しいと感じるのか」という疑問が生まれたのは、私自身、朝起きて窓のカーテンを開けたときに見える降ったばかりの雪を美しいと感じるので、そのように感じる理由を調べてみようと思ったからです。

　　例2の場合…「色」という言葉から、「なぜ雪は白く見えるのか」という疑問が生まれたのは、同じ氷でも、冷蔵庫の氷は透明に見えるのに、雪の場合は白く見えるので、雪が白く見える理由を調べてみようと思ったからです。

2　(1)人気の本が一か所にまとまっていない。／背表紙を裏側にして本をしまっている。／本の上に本を積み上げている。／本棚の上に本を置いている。／本棚に本以外のものが入っている。／本がななめに倒れている。／たなの高さよりも背の高い本がある。／本棚にかさが立てかけられている。／本のしまい方が乱雑である。／本の手前に本を立てかけている。

(2)私は、背表紙を裏側にして本をしまっているのが問題であると思います。なぜなら、そのようにしまうと、どの本をどこにしまっているのかがすぐにわからないという問題点があるからです。そこで私は、本棚の横のかべに、「本の題名が見えるようにしまっていますか」というポスターを掲示したいと思います。そうすることで、うっかり背表紙を裏側にしたまましまうのを防ぐことができると思います。

《解　説》

1 (1) 例1は「美しさ」から「なぜ〜美しいと感じるのか」、例2は「色」から「なぜ〜白く見えるのか」という疑問が生まれている。これらの関係を参考に、疑問を表す文を考えていこう。その際、「だれ」「いつ」「どこ」「どのように」「なぜ」といった言葉や、「〜か」「〜のか」といった表現を使って、疑問を表す文であることがはっきりわかるように書くこと。①は「変化」なので、「なぜ変化するのか」「どのように変化するのか」といった疑問が考えられる。②は「伝える」なので、「どのように伝えるか」。雪の「何を」伝えるのかをふくめて答えよう。③は「人を集める」なので、雪を使って「どうしたら人を集めることができるか」といった疑問が考えられる。④は、雪を使って「新たなものを創り出す」ことについて考えよう。たとえば「さっぽろ雪まつり」のように美しく本物に忠実な雪像を、だれが創ろうと思ったのだろう、いつから創り始めたのだろう、などと思いつく。また、雪で〇〇は創れないだろうか、などと新たなアイデアを問うものも考えられる。⑤は、雪に関して「より良くする」ことができるもの、「より良くなった」ものなどを考えてみよう。雪で困ったこと、不便なことなどを手がかりに考えるとよい。⑥は、雪を見ることに関して考えてみよう。雪の結晶は肉眼ではなかなか見えにくいが、目をこらして見るとどう見えるのか、など。⑦は、雪で札幌と世界を結びつけるとしたら、どんな見方ができるだろう。同じくらい雪が降る場所はどこか、雪をめあてに札幌を訪れる外国人観光客はどのくらいいるのか、など。

(2) (1)の考え方を参考に、(1)にはない自分自身の雪に対する見方を示そう。

(3) 身近な出来事や小さな気付きなど、自分自身の実体験と結びつけて書くことができそうな「疑問」を選ぶとよい。「〇〇〇〇〇という体験をしたので、◇◇◇◇◇の理由を知りたいと思ったからです。」などと、理由がはっきりわかる書き方でまとめよう。

2 (1) まず、会話文の中で「あれ、人気の３冊は、本棚のどの位置にあるのかな」「本の題名が見えないしまい方をしている本もあるから」と言っていることに着目する。ここから、人気の本が一か所に置かれていない、背表紙を本棚の奥に向けて置いている、という問題点があげられる。次にイラストをよく見て、雑然としている原因を一つずつさがしていこう。上のほうから見ていくと、本棚の上に本を置いている、ブックエンドが正しく使われていない、傘がかけられている、といった点があげられる。本棚の上段では、ティッシュが置かれている、本の上に本が置かれている、などの問題が見られる。中段では背の高い本がななめに置かれている、下段では本の手前に本を置いている、といった点が目につく。「例」としてあげられている「本棚の外側に本が立てかけられている」ことを、うっかり書いてしまわないように気をつけよう。

(2) まず、指定の字数や形式を必ず守ること。条件アでは「問題点を１つだけ」としているので、書いているうちについほかの問題点まで入れていないか、しっかり見直そう。条件イについては、「なぜなら〜からです。」など、それが理由であることがはっきり伝わるように表現すること。条件ウについても、どのような方法であるのか、具体的にわかりやすく説明しよう。

《解答例》

1 (1)ミミ ホー ドノイ ヌ　(2)あなたは何をして遊びますか。

(3)動きを表す言葉のきまり…最後の文字がオの段となる。

　ものを表す言葉のきまり…最後の文字がイの段となる。

(4)「新しい遊び」という意味のカイ星語…ノワ ワシ

　抜き出したカイ星語…デシゾワ ラミ

(5)カイ星語の文…(例文1)ミミ サロ ヨリ ヌ　　(例文2)ネ ミミ ヨリ ミメント トトテ イ

　文の意味…(例文1)私はあなたを忘れません。　　(例文2)また会いましょう。

　使ったカイ星語の文のきまりの説明…

　　(例文1)「～ではありません」という表現の場合は、文の最後に＜ヌ＞を付ける。

　　(例文2)相手を誘う表現の場合は、文の最初に＜ネ＞を付けて、その後に自分と相手を表す言葉を付ける。

2 (1)朝でなくていいものは(積み直さなくてもいいようにして)先に積むこと。／やわらかいものの上に重いものを置かないこと。／バーベキューグリルセットの横にはタオルセットを置くこと。／途中で買う炭を積み込むスペースを空けておくこと。／テントを最初におろせるようにすること。

(2)前日のうちに積める荷物を積み込んだ状態…下図　　当日の朝にすべての荷物を積み込んだ状態…下図

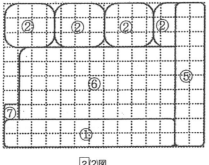

2(2)図

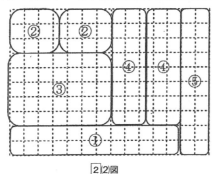

2(2)図

(3)クーラーボックスの中が空になるから。〔別解〕炭は燃えてなくなるから。

《解　説》

1 (1) ［ ア ］の上にあるノートの内容と、［ ア ］の次の行を参照。「私」はミミ、「仕事」はドノイ、「好き」は ホー。「～ではありません」と否定する場合は、文の最後に「ヌ」をつける。単語の意味だけでなく、語順に も注意しよう。

(2) 下線部①の上にあるノートの「あなたは何が好きですか。＝＜バ　ヨリ　ホー　ノ＞」を参照。「ホー（＝好 き）」の部分を「ワソ」にするとどういう意味になるか考える。下線部①の2行後でヤスオが「よほどゲーム をして遊ぶのが好きなんだね」と言っていること、また、［ イ ］の後で、遊びたいトナが「ネ　ミミ　ヨリ ワソ　イ」（＝私とあなたで遊ぼう）と言っていることから、「ワソ」は「遊ぶ」だと読みとれる。よって、「あ なたは何をして遊びますか」という意味になる。

(3) 「動きを表す言葉」の例は、食べるの「テコ」と、働くの「ドノオ」。「ものを表す言葉」の例は、食べもの の「テキ」と、仕事の「ドノイ」。「コ」と「オ」はオ段で、「キ」と「イ」はイ段。

(4) ［ イ ］の上にある表から、「新しい」は「ノワ」だとわかる。「遊ぶ」が「ワソ」で（(2)を参照）、「遊び」は 「ものを表す言葉」だからイ段にすると（(3)を参照）、「ワシ」となる。「新しい遊び」は、「新しい」が「遊び」 を修飾している関係（どんな→何）。同じ関係になっているのは、［ ア ］の上にあるノートの「デシゾワ ラミ」（難しい→本）。よって、「ノワ　ワシ」となる。

(5) ［ ウ ］に入るのはお別れの言葉。ノートにある単語の意味や語順、会話の中で説明されたカイ星語のきま りを使って、文を作ろう。

2 (1) 「保冷剤やお肉などの食材をクーラーボックスに入れて車に積み込むのは，朝にすること。」や「トラン クは洗面道具や着替えを入れて，朝に積むこと。」なども読み取れるが，「朝でなくていいものは（積み直さな くてもいいようにして）先に積むこと。」とまとめればよい。

(2) ①～⑦の荷物それぞれについて，積み込む日，やわらかいか重いか，積み込む数をまとめると，下表のよう になる。

	①アウトドアテーブル	②ねぶくろ	③クーラーボックス	④トランク	⑤テント	⑥バーベキューグリルセット	⑦タオルセット
積み込む日	前日	前日	当日	当日	前日	前日	前日
やわらかいか重いか	重い	やわらかい	重い	重い	重い	重い	やわらかい
数	1つ	4つ	1つ	2つ	1つ	1つ	1つ

この表をもとにして，会話文中の内容に合うように荷物を積み込めばよい。また，途中で買う炭を積み込むス ペースも必要なので，荷物は，奥の方に高く積み上げる形で入れていくとよい。なお，解答例のように，テン トを立てて入れるなど，荷物の向きを変えて積み込む工夫も必要である。

《解答例》

1　(1)行う場所は小学校の教室であること。／使えるお金は 3,500 円までであること。／使える時間は２時間までであること。

(2)学校の百人一首の札を借りられるかどうかということ。／札を読むことをお願いできるかどうかということ。

(3)みんなの意見をまとめると、優勝したチームの人たちだけではなく、全員に賞品が当たり、優勝したチームの人たちの賞品の方が値段が高く、同じチームの人たちには同じ値段の賞品が当たり、3,500 円を余らせずにすべて賞品に使うようにすればよいことになります。だから、優勝したチームの人たちには一人あたり 200 円の賞品をあげて、それ以外のチームの人たちには一人あたり 100 円の賞品をあげればよいと思います。

2　(1)①Ｃ／座席に荷物を置かずにすむ。　②Ａ／荷物の置き忘れが少ない。　※③Ｂ／網棚に手が届かない場合、荷物を置きたくても置けない。　※④Ｅ／荷物を置き忘れる心配がある。　⑤Ｄ／網棚があると思って、荷物を座席の上に落としそうになる。　※③と④は順不同

(2)(例文１)　網棚がある方がよい立場の例

私は、網棚がある方がよいと思います。なぜなら、駅員Ｃさんも言っているように、網棚があるとそこに荷物を置けるので、荷物を座席に置いてしまうことを防ぐことができるからです。また、乗客Ｅさんは、網棚に荷物を忘れるのが心配で網棚を利用しないと言っていますが、忘れ物をしないように注意する放送を流せば、安心して利用してもらえると思います。

　(例文２)　網棚がない方がよい立場の例

私は、網棚がない方がよいと思います。なぜなら、乗客Ｅさんも言っているように、網棚があると、大切な荷物を置き忘れる心配があるからです。また、乗客Ｄさんは、網棚がないのにあると思って、荷物を置こうとして落としそうになったと言っていますが、駅などに網棚がないことを知らせるけい示をして注意を呼びかけることで、それを防ぐことができると思います。

《解 説》

⟨1⟩ (1) 山田コーチからの約束ごとを聞いている、さとしさんの会話に着目する。「私たちの小学校の教室を借りているので、お楽しみ会はそこでするように言っていました」「お楽しみ会のために使えるお金は 3,500 円までと山田コーチから言われているから」「山田コーチから、お楽しみ会に使える時間は 2 時間までと言われているから」という 3 点。「どのようなことでしょうか」と問われているので、「～こと。」と答えること。

(2) よしこさんが「学校にある百人一首の札も借りられるかどうか、後で山田コーチに相談してみるね」「山田コーチに札を読んでもらえないかどうかも相談してみようかな」と言っていることから、それぞれまとめる。

(3) 1 つのチームには 28÷4＝7 (人)いるから，各チームの一人あたりの賞品の金額を合計すると 3500÷7＝500(円)になる。優勝したチームには一人あたり x 円の賞品を，ほかの 3 チームには一人あたり y 円の賞品をあげるとすると，賞品の合計金額について，$x＋y×3＝500$ となる。この式を満たし，x が y より大きくなるような整数(x，y)の組を探すと，(200，100)の組が見つかるから，優勝したチームには一人あたり 200 円の賞品を，ほかの 3 チームには一人あたり 100 円の賞品をあげればよい。なお，条件を満たす(x，y)の組は他にもある。

⟨2⟩ (1)① 駅員 C が「電車が混んでいるときには、荷物を座席に置かずに～網棚に置いていただくよう」と言っていることから。

② 駅員 A が「電車に網棚を設けていません～お客様の荷物の置き忘れが少ないので助かります」と言っていることから。

③・④ 乗客 B が「網棚がありますが～私は網棚に手が届かないので、荷物を置きたくても置けません」、乗客 E が「網棚がありますが、決して利用することはありません。なぜなら、以前、大切な荷物を置き忘れてしまったからです」と言っていることから。

⑤ 乗客 D が「網棚がないことに気付かず～危なく荷物を座席の上に落としそうになりました」と言っていることから。

(2) 「あなた自身の立場を明らかにして」「どちらの考えがよいのかについて、必ず書くように」とあるので、最初に、「私は、網棚がある(ない)方がよいと思います。」とはっきり表明しよう。どちらの立場にするか決めたら、駅員と乗客の発言内容をふり返り、条件イ・ウを満たすように意見をまとめよう。「途中で行を変えないで、続けて書きましょう」とあることにも注意しよう。

《解答例》

1　(1)Ａ　　(2)方法１…イ．Ｆ　ウ．Ｇ　エ．Ｃ　　方法２…イ．Ｇ　ウ．Ｆ　エ．Ｃ

　　(3)オ．Ｈ　カ．Ｄ　キ．Ａ　①花　②岩　　(4)ク．Ｄ　ケ．Ａ

　　(5)コ…オオカミ　サ…花　呪文の唱え方…１つ目の困難に対しては、まずＳの呪文でオオカミを花に変えて、次にＤの呪文で花を岩に変える。／２つ目の困難に対しては、まずＡの呪文で岩をオオカミに変えて、次にＳの呪文でオオカミを花に変える。

2　(1)下図　　(2)たて、よこ４マスの数の正方形をつくるには 16 マス必要だが、タイルＡを１枚使うと、残りは 15 マスとなり、タイルＢの４マスで割り切れないから。　　(3)タイルＢ２枚を組み合わせた形と異なる形

　　(4)下図　　(5)ア．11　イ．9　　(6)タイルＡ…2　タイルＢ…40

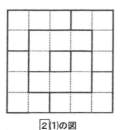

2(1)の図

2(4)の図

《解　説》

1　(1)　Ｄの呪文を唱えると、花は岩に変わる。Ｂの呪文を唱えるとオオカミは宝石に変わる。ＤとＢをつなぐアの呪文は岩をオオカミに変えるもの。つまりＡ。

　(2)　ＦＣの順で呪文を唱えれば、オオカミ→カエル→宝石と変わる。その前後か間にＧを入れてみる。パターンとしてはＧＦＣ、ＦＧＣ、ＦＣＧの三つが考えられる。たろうくんが「効果のあらわれない呪文」と言っているのは、「注２　変えるものが目の前になければ、呪文を唱えても効果はありません。」のこと。前の二つではＧが効果のあらわれない呪文だが、最後のＦＣＧでは、Ｃでカエルが宝石に変わるので、Ｇで宝石がオオカミに変わってしまう。したがってこれはのぞく。

　(3)　オ．Ｇの呪文を唱えれば宝石は（一回で）オオカミに変わったのにまちがえた。つまりＧ以外の呪文を唱えて、宝石をオオカミでないものに変えた。「宝石を〜に変える」で、Ｇ以外のものはＨ（宝石→花）。　カ．「花を〜に変える」はＤ・Ｅだが、ここではまだオオカミにはならないからＤ（花→岩）。　キ．ここで岩がオオカミになるからＡ（岩→オオカミ）。

　(4)　前者のやり方ではＥの呪文で直接、花→オオカミとなった分が、後者のやり方ではＤの呪文で花→岩となり、その後Ａの呪文で岩→オオカミとなる。つまり花→岩→オオカミという過程をへる。（図１参照）どちらのやり方でも、最後にオオカミになったのは二回の呪文を唱える前の花と岩の合計だから結果は同じ。

図１

$$岩 \xleftarrow{\text{Ｄ}} 花$$

Ａ　　Ｅ

オオカミ

(5) 呪文Sを「オオカミを花に変える」とすれば、図の三角形の矢印が同方向（反時計回り）でつながり、2回の呪文で多くのことができる。前者の困難に対しては、呪文Sと呪文Dで花とオオカミの両方を岩に変えて対応できる。後者の困難に対しても呪文Aと呪文Sで岩とオオカミの両方を花に変えて対応できる。（図2参照）

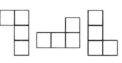

2 (1) タイルBは、うら返して使うことができないため、問題の向きの他に右下の3通りの向きで使うことになる。また、たて5マス、よこ5マスの正方形は、全体で5×5＝25（マス）になる。タイルAは1枚だけ使うから、(25−1)÷4＝6より、この正方形をつくるときに使うタイルBの枚数は6枚とわかる。したがって、1枚のタイルAと、6枚のタイルBを使い、タイルBの向きに注意して、たて5マス、よこ5マスの正方形をつくると、解答例のようになる。その他の図も、タイルBの向きが正しければよい。

(2) 下線部②の直前のお父さんの発言をヒントに、つくれない理由を答えればよい。

(3) 正方形全体のマスの数からタイルA1枚分のマスを引いた値が4の倍数であれば、その正方形は、1枚のタイルAと何枚かのタイルBを使ってつくることができる可能性がある。実際には、タイルの並べ方によって、正方形がつくれなくなる場合がある。

(4) パターン2は、問題の図の他、右の3通りの向きで使うことになる（タイルBをうら返すことになるため）。このことから、解答例の他にも、右下図のように組み合わせても正答となる。

(5) たて7マス、よこ7マスの正方形の周りにパターン1とパターン2をおいていくと、正方形の1辺に沿って並ぶマスの数は2＋2＝4（マス）ずつ増えていく。このことから、アに当てはまる数字は、7に4の倍数を加えた値となるから、解答例以外にも、15，19，23，…などでもよい。また、イに当てはまる数字は、直後のお父さんの発言から、5に4の倍数を加えた値とわかり、解答例以外にも、13，17，21，…などでもよい。

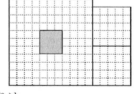

(6) 下線部⑤の「お父さんの考え」とは、直前のお父さんの発言にある、「タイルAの枚数は一番少ない枚数にしたい」ことである。このことと、庭の計画図を奇数のマスの正方形に分ければ、できた正方形の数によって必要なタイルAの枚数が変わることから、できる正方形の数が一番少なくなるように、庭の計画図を奇数のマスの正方形に分ける。右図のように分けるとき、できる奇数のマスの正方形の数が一番少ないとわかる。右図の3個の正方形のうち、タイルAが必要な正方形は、たて5マス、よこ5マスの正方形2個だから（たて11マス、よこ11マスの正方形は、中央にたて3マス、よこ3マスの花畑があるため）、必要なタイルAの枚数は2枚となる。庭の計画図全体のマスの数のうち、タイルAの分のマスを除くと、残りは{11×11＋(5×5)×2−3×3}−1×2＝160（マス）だから、必要なタイルBの枚数は160÷4＝40（枚）となる。

《解答例》

1　(1) 3　　(2) 2　　(3)グラフ…右グラフ　班…6

(4)説明…ゴミ拾いにかかった時間の短さの合計と「きれいさ」の点数の合計のそれぞれについて，1位6点，2位5点，3位4点，4位3点，5位2点，6位1点の得点を各班に与える。ゴミ拾いにかかった時間の短さの合計が1位の班には，特別に1点を加える。ゴミ拾いの「きれいさ」の点数の合計が1位の班には，特別に2点を加える。

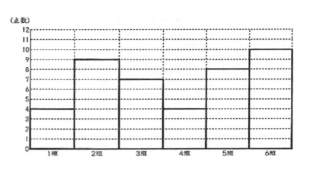

　　表彰される班…2

2　(1)公園の周りに家は1つもないし，他に遊んでいる人もいないので，ボールが当たる心配はないから。

(2)ボール遊び禁止の公園でボール遊びをしていたから。田中さんの家にボールを当てたから。すぐにあやまりにいかなかったから。

(3)公園で遊んでいる他の人にボールが当たる心配があるから。

(4)ボールが公園の周りの家に当たらないように家からはなれた場所で遊ぶ。万一ボールが公園の周りの家に当たってしまった場合には，すぐにあやまりにいく。公園で遊んでいる他の人にボールが当たらないように，ボール遊びをしてよい時間とボール遊びをしてはいけない時間にわけて遊ぶ。

《解 説》

1 (1) それぞれの班の5回のゴミ拾い活動の時間の合計を調べると，右表⑦のようになるから，**3班**が表彰される。

(2) それぞれの班の5回のゴミ拾い活動のきれいさの点数の合計を調べると，右下表①のようになる。点数が高いほどきれいできたことを表すから，表①より，一番きれいにできた班は**2班**である。

(3) (1)と(2)の解説の表⑦，①から，それぞれの班の，時間の短さの順位，きれいさの順位，合計得点をまとめると，右下表⑦のようになる。この表から，グラフをつくると解答例のようになり，もっとも得点が高いのは**6班**とわかる。

(4) (3)の得点のつけ方(グラフをつくったときの考え方)を利用しつつ，問題文にある2つの意見(「1位の班の得点はもっと高くする」，「きれいさで1位になった班を，より高得点にする」)を取り入れた説明を答えるから，解答例のように，時間の短さの1位ときれいさの1位に特別に追加点を与えるような説明を書けばよい。(3)の解説の表⑦より，2班と3班は追加点が入るとわかり，2班の追加点は2点以上になるから，新しい表彰のしくみで表彰される班は**2班**になる。

⑦

班名	1回目	2回目	3回目	4回目	5回目	合計	順位
1班	11分	14分	12分	15分	14分	66分	5位
2班	15分	12分	16分	10分	12分	65分	4位
3班	14分	13分	12分	10分	13分	62分	1位
4班	14分	12分	14分	13分	14分	67分	6位
5班	12分	10分	12分	14分	16分	64分	3位
6班	9分	13分	14分	15分	12分	63分	2位

①

班名	1回目	2回目	3回目	4回目	5回目	合計	順位
1班	1点	1点	2点	2点	3点	9点	5位
2班	2点	2点	3点	2点	4点	13点	1位
3班	2点	2点	2点	1点	1点	8点	6位
4班	2点	3点	2点	1点	2点	10点	4位
5班	2点	2点	2点	3点	2点	11点	3位
6班	2点	2点	3点	2点	3点	12点	2位

⑦

班名	時間の短さの順位	きれいさの順位	得点
1班	5位(2点)	5位(2点)	4点
2班	4位(3点)	1位(6点)	9点
3班	1位(6点)	6位(1点)	7点
4班	6位(1点)	4位(3点)	4点
5班	3位(4点)	3位(4点)	8点
6班	2位(5点)	2位(5点)	10点

2 (1) お父さんの「公園でボール遊びをしていて，近所の人にしかられるようなことはないかい。」という問いかけに対して，子どもが「大丈夫だよ。だって公園の周りに家は1つもないし，他に遊んでいる人もいないので，ボールが当たる心配はないよ。」と答えているので，この部分を指定字数に合うようにまとめればよい。

(2) 子どもの「そこで，みんなでボール遊びをしていたら〜」で始まる発言から，お母さんの「それじゃ，しかられて当然ね。」という発言までの内容をまとめる。

(3) 会話文Ⅱ(2014年)のお父さんの発言「当時(1970年代)は，お父さんたちしか遊んでいる人はいなかったけどね。」を受けて，子どもが「いまはたくさんの人が遊んでいるわ。」と答えている。このことから，昔とちがって今は公園で遊ぶ人が多くいるので，その人たちの迷惑とならないようにボール遊びが禁止されていると考えられる。

(4) (2)と(3)の解答を参考にしてまとめる。下線部②の「なぜ田中さんにしかられたのか」を考えるとき，子どもたちが改善できるのは，「田中さんの家にボールを当てたこと」と「すぐにあやまりにいかなかったこと」の2つである。したがって，「周りの家にボールが当たらない工夫」「万一周りの家にボールを当ててしまったときの対応」を具体的にまとめる。また，下線部③の「公園で遊んでいる他の人たちのことを考えなくちゃならないだろうね」について，他の人たちにボールが当たることが迷惑になるのだから，「公園で遊ぶ他の人の迷惑にならない工夫」についてもまとめる。

■ ご使用にあたってのお願い・ご注意

（１）問題文等の非掲載

著作権上の都合により，問題文や図表などの一部を掲載できない場合があります。

誠に申し訳ございませんが，ご了承くださいますようお願いいたします。

（２）過去問における時事性

過去問題集は，学習指導要領の改訂や社会状況の変化，新たな発見などにより，現在とは異なる表記や解説になっている場合があります。過去問の特性上，出題当時のままで出版していますので，あらかじめご了承ください。

（３）配点

学校等から配点が公表されている場合は，記載しています。公表されていない場合は，記載していません。

独自の予想配点は，出題者の意図と異なる場合があり，お客様が学習するうえで誤った判断をしてしまう恐れがあるため記載していません。

（４）無断複製等の禁止

購入された個人のお客様が，ご家庭でご自身またはご家族の学習のためにコピーをすることは可能ですが，それ以外の目的でコピー，スキャン，転載（ブログ，ＳＮＳなどでの公開を含みます）などをすることは法律により禁止されています。学校や学習塾などで，児童生徒のためにコピーをして使用することも法律により禁止されています。

ご不明な点や，違法な疑いのある行為を確認された場合は，弊社までご連絡ください。

（５）けがに注意

この問題集は針を外して使用します。針を外すときは，けがをしないように注意してください。また，表紙カバーや問題用紙の端で手指を傷つけないように十分注意してください。

（６）正誤

制作には万全を期しておりますが，万が一誤りなどがございましたら，弊社までご連絡ください。

なお，誤りが判明した場合は，弊社ウェブサイトの「ご購入者様のページ」に掲載しておりますので，そちらもご確認ください。

■ お問い合わせ

解答例，解説，印刷，製本など，問題集発行におけるすべての責任は弊社にあります。

ご不明な点がございましたら，弊社ウェブサイトの「お問い合わせ」フォームよりご連絡ください。迅速に対応いたしますが，営業日の都合で回答に数日を要する場合があります。

ご入力いただいたメールアドレス宛に自動返信メールをお送りしています。自動返信メールが届かない場合は，「よくある質問」の「メールの問い合わせに対し返信がありません。」の項目をご確認ください。

また弊社営業日（平日）は，午前９時から午後５時まで，電話でのお問い合わせも受け付けています。

2025 春

株式会社教英出版

〒422-8054　静岡県静岡市駿河区南安倍３丁目 12-28

TEL　054-288-2131　　FAX　054-288-2133

URL　https://kyoei-syuppan.net/

MAIL　siteform@kyoei-syuppan.net

K教英出版

教英出版 2025年春受験用 中学入試問題集

学校別問題集
✿はカラー問題対応

神奈川県

① [県立] 相模原中等教育学校
　　　　平塚中等教育学校
② [市立] 南高等学校附属中学校
③ [市立] 横浜サイエンスフロンティア高等学校附属中学校
④ [市立] 川崎高等学校附属中学校
★⑤ 聖光学院中学校
★⑥ 浅野中学校
⑦ 洗足学園中学校
⑧ 法政大学第二中学校
⑨ 逗子開成中学校（1次）
⑩ 逗子開成中学校（2・3次）
⑪ 神奈川大学附属中学校（第1回）
⑫ 神奈川大学附属中学校（第2・3回）
⑬ 栄光学園中学校
⑭ フェリス女学院中学校

新潟県

① [県立] 村上中等教育学校
　　　　柏崎翔洋中等教育学校
　　　　燕中等教育学校
　　　　津南中等教育学校
　　　　直江津中等教育学校
　　　　佐渡中等教育学校
② [市立] 高志中等教育学校
③ 新潟第一中学校
④ 新潟明訓中学校

石川県

① [県立] 金沢錦丘中学校
② 星稜中学校

福井県

① [県立] 高志中学校

山梨県

① 山梨英和中学校
② 山梨学院中学校
③ 駿台甲府中学校

長野県

① [県立] 屋代高等学校附属中学校
　　　　諏訪清陵高等学校附属中学校
② [市立] 長野中学校

岐阜県

① 岐阜東中学校
② 鶯谷中学校
③ 岐阜聖徳学園大学附属中学校

静岡県

① [国立] 静岡大学教育学部附属中学校
　　　　（静岡・島田・浜松）
② [県立] 清水南高等学校中等部
　　[県立] 浜松西高等学校中等部
　　[市立] 沼津高等学校中等部
③ 不二聖心女子学院中学校
④ 日本大学三島中学校
⑤ 加藤学園暁秀中学校
⑥ 星陵中学校
⑦ 東海大学付属静岡翔洋高等学校中等部
⑧ 静岡サレジオ中学校
⑨ 静岡英和女学院中学校
⑩ 静岡雙葉中学校
⑪ 静岡聖光学院中学校
⑫ 静岡学園中学校
⑬ 静岡大成中学校
⑭ 城南静岡中学校
⑮ 静岡北中学校
⑯ 常葉大学附属常葉中学校
　　常葉大学附属橘中学校
　　常葉大学附属菊川中学校
⑰ 藤枝明誠中学校
⑱ 浜松開誠館中学校
⑲ 静岡県西遠女子学園中学校
⑳ 浜松日体中学校
㉑ 浜松学芸中学校

愛知県

① [国立] 愛知教育大学附属名古屋中学校
② 愛知淑徳中学校
③ 名古屋経済大学市邨中学校
　　名古屋経済大学高蔵中学校
④ 金城学院中学校
⑤ 椙山女学園中学校
⑥ 東海中学校
⑦ 南山中学校男子部
⑧ 南山中学校女子部
⑨ 聖霊中学校
⑩ 滝中学校
⑪ 名古屋中学校
⑫ 大成中学校

愛知中学校（続き）

⑬ 愛知中学校
⑭ 星城中学校
⑮ 名古屋葵大学中学校
　　（名古屋女子大学中学校）
⑯ 愛知工業大学名電中学校
⑰ 海陽中等教育学校（特別給費生）
⑱ 海陽中等教育学校（Ⅰ・Ⅱ）
⑲ 中部大学春日丘中学校
新刊⑳ 名古屋国際中学校

三重県

① [国立] 三重大学教育学部附属中学校
② 暁中学校
③ 海星中学校
④ 四日市メリノール学院中学校
⑤ 高田中学校
⑥ セントヨゼフ女子学園中学校
⑦ 三重中学校
⑧ 皇學館中学校
⑨ 鈴鹿中等教育学校
⑩ 津田学園中学校

滋賀県

① [国立] 滋賀大学教育学部附属中学校
② [県立] 河瀬中学校
　　　　守山中学校
　　　　水口東中学校

京都府

① [国立] 京都教育大学附属桃山中学校
② [府立] 洛北高等学校附属中学校
③ [府立] 園部高等学校附属中学校
④ [府立] 福知山高等学校附属中学校
⑤ [府立] 南陽高等学校附属中学校
⑥ [市立] 西京高等学校附属中学校
⑦ 同志社中学校
⑧ 洛星中学校
⑨ 洛南高等学校附属中学校
⑩ 立命館中学校
⑪ 同志社国際中学校
⑫ 同志社女子中学校（前期日程）
⑬ 同志社女子中学校（後期日程）

大阪府

① [国立] 大阪教育大学附属天王寺中学校
② [国立] 大阪教育大学附属平野中学校
③ [国立] 大阪教育大学附属池田中学校

④[府立]富田林中学校
⑤[府立]咲くやこの花中学校
⑥[府立]水都国際中学校
⑦清風中学校
⑧高槻中学校（Ａ日程）
⑨高槻中学校（Ｂ日程）
⑩明星中学校
⑪大阪女学院中学校
⑫大谷中学校
⑬四天王寺中学校
⑭帝塚山学院中学校
⑮大阪国際中学校
⑯大阪桐蔭中学校
⑰開明中学校
⑱関西大学第一中学校
⑲近畿大学附属中学校
⑳金蘭千里中学校
㉑金光八尾中学校
㉒清風南海中学校
㉓帝塚山学院泉ヶ丘中学校
㉔同志社香里中学校
㉕初芝立命館中学校
㉖関西大学中等部
㉗大阪星光学院中学校

兵　庫　県
①[国立]神戸大学附属中等教育学校
②[県立]兵庫県立大学附属中学校
③雲雀丘学園中学校
④関西学院中学部
⑤神戸女学院中学部
⑥甲陽学院中学校
⑦甲南中学校
⑧甲南女子中学校
⑨灘中学校
⑩親和中学校
⑪神戸海星女子学院中学校
⑫滝川中学校
⑬啓明学院中学校
⑭三田学園中学校
⑮淳心学院中学校
⑯仁川学院中学校
⑰六甲学院中学校
⑱須磨学園中学校（第1回入試）
⑲須磨学園中学校（第2回入試）
⑳須磨学園中学校（第3回入試）
㉑白陵中学校

㉒夙川中学校

奈　良　県
①[国立]奈良女子大学附属中等教育学校
②[国立]奈良教育大学附属中学校
③[県立]｛国際中学校／青翔中学校
④[市立]一条高等学校附属中学校
⑤帝塚山中学校
⑥東大寺学園中学校
⑦奈良学園中学校
⑧西大和学園中学校

和　歌　山　県
①[県立]｛古佐田丘中学校／向陽中学校／桐蔭中学校／日高高等学校附属中学校／田辺中学校
②智辯学園和歌山中学校
③近畿大学附属和歌山中学校
④開智中学校

岡　山　県
①[県立]岡山操山中学校
②[県立]倉敷天城中学校
③[県立]岡山大安寺中等教育学校
④[県立]津山中学校
⑤岡山中学校
⑥清心中学校
⑦岡山白陵中学校
⑧金光学園中学校
⑨就実中学校
⑩岡山理科大学附属中学校
⑪山陽学園中学校

広　島　県
①[国立]広島大学附属中学校
②[国立]広島大学附属福山中学校
③[県立]広島中学校
④[県立]三次中学校
⑤[県立]広島叡智学園中学校
⑥[市立]広島中等教育学校
⑦[市立]福山中学校
⑧広島学院中学校
⑨広島女学院中学校
⑩修道中学校

⑪崇徳中学校
⑫比治山女子中学校
⑬福山暁の星女子中学校
⑭安田女子中学校
⑮広島なぎさ中学校
⑯広島城北中学校
⑰近畿大学附属広島中学校福山校
⑱盈進中学校
⑲如水館中学校
⑳ノートルダム清心中学校
㉑銀河学院中学校
㉒近畿大学附属広島中学校東広島校
㉓ＡＩＣＪ中学校
㉔広島国際学院中学校
㉕広島修道大学ひろしま協創中学校

山　口　県
①[県立]｛下関中等教育学校／高森みどり中学校
②野田学園中学校

徳　島　県
①[県立]｛富岡東中学校／川島中学校／城ノ内中等教育学校
②徳島文理中学校

香　川　県
①大手前丸亀中学校
②香川誠陵中学校

愛　媛　県
①[県立]｛今治東中等教育学校／松山西中等教育学校
②愛光中学校
③済美平成中等教育学校
④新田青雲中等教育学校

高　知　県
①[県立]｛安芸中学校／高知国際中学校／中村中学校

※もっと過去問シリーズは
　国語の収録はありません。

教英出版

〒422-8054
静岡県静岡市駿河区南安倍3丁目12-28
TEL 054-288-2131
FAX 054-288-2133
詳しくは教英出版で検索

教英出版　｜検索

URL https://kyoei-syuppan.net/

適性検査 I

注　意

1　検査監督の先生の合図があるまで、中を開かないでください。

2　検査問題は、1ページから7ページまであります。

3　解答用紙は、表と裏の両面に解答らんがあります。解答は、全て解答用紙に書いてください。

4　解答時間は、45分間です。

5　机の上の「受検票」をよく見て、解答用紙に、学校名、受検番号をまちがいのないように書きましょう。

問題用紙のあいている場所は、下書きや
計算などに使用してもかまいません。

K 教英出版

問題用紙のあいている場所は、下書きや
計算などに使用してもかまいません。

1

　やまさん、そらさん、だいちさんの３人は児童会書記局の一員として、今年度の開成っ子フェスティバル（※）の企画・運営を担当することになりました。３人は開成っ子フェスティバルに向けて児童会室で相談をしています。次の会話文を読んで、(1)から(5)の問いに答えましょう。

や　ま：今年はステージ発表を希望するチームが昨年より増えて10チームあったよ。参加するチームが増えた分、今年は発表順を考えるのに苦労しそうだ。

そ　ら：発表順は、ステージ発表をスムーズに行うための【ステージ発表進行に関わるルール】と【チームごとの条件や要望】を考えて決めないといけないね。

だいち：10チームとなるとけっこう複雑だね。10チームの発表順をいきなり考えるのは難しいから、まずは昨年発表した５チームの情報をもとに、順番決めの練習をしてみようよ。

※　開成っ子フェスティバル…３人が通う小学校で行われるイベント。体育館のステージで、希望する児童が発表を行う。

【ステージ発表進行に関わるルール】

1.　発表時間は〇分　　という、１分単位の時間とする。
2.　発表時間はどのチームも同じとし、発表と発表の間には準備時間として５分もうける。
3.　複数のチームに参加する児童は連続発表とならないよう、発表と発表の間には他の２チーム以上の発表を入れる。
4.　器楽合奏のチームは、楽器を準備する関係上、発表を連続で行う。
5.　低学年（１・２年生）がいるチームは、11時30分前に発表を終えるようにする。
6.　発表順番は、各チームの条件や要望をかなえるように決める。

昨年の【チームごとの条件や要望】を表にまとめたもの

チーム名	メンバー構成	内容	条件や要望
A	5年生―5人	器楽合奏	
B	3年生―6人	ダンス	「E」にも出演する児童がいる
C	1年生―1人 4年生―1人	歌	
D	6年生―8人	大縄とび	
E	2年生―3人 3年生―3人	器楽合奏	「B」にも出演する児童がいる

昨年の発表順のメモ　昨年の発表時間：11時から12時の1時間

発表順	発表が始まる時間	発表チーム
1	11：00〜	
2		
3		
4		
5		

や　ま：【ステージ発表進行に関わるルール】と発表チーム数、昨年の発表に与えられている時間の11時から12時をもとに考えると1チームあたりの発表時間は最大で　ア　分　になるね。

そ　ら：　ア　分　なら、5番目に発表するチームがちょうど12時に発表を終えるからばっちりだ。1チームあたりの発表時間が分かったから、昨年の発表順のメモを使って整理できそうだね。

だいち：表を使って情報を整理してみると…。あっ、①全てのチームの条件や要望がかなう並び方が一つに決まったよ！

や　ま：だいちさんありがとう。条件を整理して考えることで、どのような発表順にすればよいのかが分かるね。それでは並べる練習はこれくらいにして、今年の発表順を整理しようか。

だいち：今年のチームごとの条件や要望を整理して表にするね。

そ　ら：今年のステージ発表に使える時間は、10時から12時の2時間だから、発表と発表の間の準備時間を5分とり、1チームの発表に使える時間を最大限とると $\boxed{イ}$ 分になる。 $\boxed{イ}$ 分なら、 $\boxed{ウ}$ 時 $\boxed{エ}$ 分に全ての発表を終えられるわ。

今年の【チームごとの条件や要望】を表にまとめたもの

チーム名	メンバー構成	内容	条件や要望
A	5年生―4人	ダンス	「CとF」にも出演する児童がいる
B	3年生―2人 4年生―2人	マジック（手品）	準備・片付けに時間がかかるため、最後の発表を希望
C	5年生―4人 2年生―2人	ダンス	「AとFとH」にも出演する児童がいる
D	6年生―8人	ダブルダッチ（縄とび）	児童会の仕事があるため、発表を11時までに終えたい
E	6年生―5人	とび箱	児童会の仕事があるため、発表を10時15分までに終えたい
F	2年生―2人 5年生―1人	ダンス	「AとC」にも出演する児童がいる
G	2年生―2人 4年生―2人	器楽合奏	1番目の発表はさけたい
H	5年生―9人	器楽合奏	「C」にも出演する児童がいる 8番から10番のどこかを希望
I	6年生―8人	コント（お笑い）	1番から3番のどこかを希望
J	1年生―15人	歌	器楽合奏の直前か直後の順番を希望

や　ま：整理してくれてありがとう。これなら、チームごとの条件や要望をふまえて順番を決めることができそうだよ。表をもとに考えてみると、この順番でどうかな？

今年の発表順メモ　今年の発表時間：10時から12時の２時間

発表順	発表が始まる時間	発表チーム
1	10：00〜	
2		
3		
4		
5		
6		
7		
8		
9		
10		

そ　ら：②他の順番も考えられるけど、その発表順なら全てのチームの条件や要望をかなえることができるね。

だいち：やったー！整理するのは大変だったけど、みんなの力で何とか決めることができてよかった。これにて一件落着！

(1)　ア　に当てはまる数字を書きましょう。

(2)　下線部①の発表順を、チーム名「A」から「E」を使って書きましょう。

(3)　イ　に当てはまる数字を書きましょう。

(4)　ウ　と　エ　に当てはまる数字を書きましょう。

(5)　下線部②で考えられる発表順を一つ、チーム名「A」から「J」を使って書きましょう。

2

あすかさんとますみさんとみらいさんは学校で学習したプログラミングを使って、「島わたりミッションゲーム」を一緒に考えています。次の会話文を読んで、(1)から(5)の問いに答えましょう。

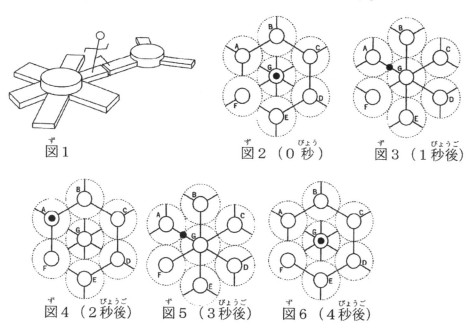

図1　　　　図2（0秒）　　　図3（1秒後）

図4（2秒後）　図5（3秒後）　図6（4秒後）

【ミッション】

・Gをスタートして、AからEまでの全ての島を周って、できるだけ早くFの島にゴールせよ。

【ルール】

・図1のように一つ一つの島には橋がついている。
・図2のように中心の島Gとその周りにAからFまでの島がある。
・AからFまでの島の橋は、それぞれが60度ずつ時計回りに回転している。
・1秒後に自分のいる島の橋ととなりの島の橋がつながるとき、島から1秒かけて橋を移動し、つながった瞬間にとなりの島の橋の先に移動できる。橋の先で待つことはできないため、さらに1秒かけてその島に移動しないといけない。

・1秒後に自分のいる島の橋ととなりの島の橋がつながらないときは、島で待たないといけない。

あすか：たくさんの島を移動するミッションゲームを考えたよ。

ますみ：Gには6個の橋が、AからEには3個の橋が、Fには1個の橋があるってことだね。

あすか：そう。最初の状態として図2を0秒、そして図3から図6は1秒後ごとの様子を表している図だよ。

みらい：AからFの島の橋は、それぞれ60度ずつ時計回りに回転しているから、これだと橋が一回転するのに ア 秒かかるね。

ますみ：黒い点(●)が移動しているよ。これは何？

あすか：これは人だよ。

みらい：じゃあ、この人は図3ではGからAの橋の先に移動したところだね。

ますみ：図4は2秒後にAの島まで移動して、図5は3秒後にAからGに戻るためにGの橋の先に移動したところ、図6は4秒後にGの島に戻って来たところだね。

あすか：続けて、GからBに行って、またGに戻って来ると、最初の状態（図2）から イ 秒後になるよ。このようにして、Gから出発して一つの島へ行き、またGに戻って来るを繰り返して

GAGBGCGDGEGF（※）と移動していくとゴールであるFの島に着くのは ウ 秒後だね。

みらい：でも、毎回Gに戻ってこなくても、となりの島に橋を使って GABCDEF の順番でいけば、 エ 秒でFの島に着けそうだね。

ますみ：その時は橋がつながるまで島で待っている時間もありそうだね。

みらい：わたしは、 エ 秒かからずに全ての島を周るルートをいくつか見つけたよ。

※ 人が、G→A→G→B→G→C→G→D→G→E→G→F の順番に移動したことを表すものとする。

- 6 -

(1) 　アに入る数字を書きましょう。

(2) 　イに入る数字を書きましょう。

(3) 　ウに入る数字を書きましょう。

(4) 　エに入る数字を書きましょう。

(5) 　下線部のルートはどの島を通りますか。見付けたルートのうち、2つの
ルートについて、GからFまでのアルファベットを全て書きましょう。
（解答らんには、スタートのGとゴールのFは書かれています。）

これで、適性検査Iの問題は終わりです。

令和6年度（2024年度）市立札幌開成中等教育学校入学者選考
適性検査 I

適性検査Ⅱ

注　意

1　検査監督の先生の合図があるまで、中を開かないでください。

2　検査問題は、１ページから９ページまであります。

3　解答用紙は、表と裏の両面に解答らんがあります。解答は、全て解答用紙に書いてください。

4　解答時間は、45分間です。

5　机の上の「受検票」をよく見て、解答用紙に、学校名、受検番号をまちがいのないように書きましょう。

問題用紙のあいている場所は、下書きや
計算などに使用してもかまいません。

K 教英出版

1

　読書の日が 10月27日であることから、まほさんの小学校では、読書月間が 10月に設定されています。まほさんの所属する図書委員会では「読書の楽しさを知ってもらう」を今年度の目標としています。この目標を達成するために、10月の読書月間に二つの活動を行いました。

　次のまほさんとこうたさんとあきさんの会話文を読んで、(1)と(2)の問いに答えましょう。

ま　ほ：図書委員会で読書月間に行った二つの活動を振り返ってみよう。

こうた：一つ目の活動は「学校図書館に来てくれた人に、人気キャラクターのステッカーをプレゼントする。」という**プレゼント企画**だね。ただし、一人が何回もプレゼントをもらえたら不公平だから、一人につき 1枚までしかもらえないことにしたよ。

あ　き：二つ目の活動は、「人気のあるジャンルの本を紹介するポスターを作って学校中に掲示する。」という**本紹介ポスター作成**を行ったよ。一番人気のある文学ジャンルのうち、今話題の人気小説を紹介するポスターを何種類か作ったよ。その小説の面白いポイントを紹介することに一番力を入れたんだ。

ま　ほ：うん。「読書の楽しさを知ってもらう」ために、一人一人が読書をしたいと思える活動にしたんだよね。じゃあ、全児童のアンケート結果を見てみよう。

こうた：そうだね。じゃあ、データを紹介するね。表 1は、この学校の全児童420人に対して、9月から 11月までの学校図書館に来た人数と、読まれた学校図書館の本の冊数の合計を月ごとに集計したものだよ。この冊数の合計の中には、同じ本も含まれているよ。

表 1

アンケート調査結果		
	図書館に来た人数	読まれた図書館の本の冊数の合計
9月（活動実施前）	290人	980冊
10月（読書月間）	400人	1280冊
11月（活動実施後）	300人	1240冊

あ　き：でも、表1のデータだけだと目標を達成できたのか判断できないよ。

こうた：そう言われると思って、別のデータもまとめてみたよ。　表2は1か月に読まれた学校図書館の本の冊数ごとの全児童の内訳だよ。　表3は1か月ごとのジャンル別の読まれた学校図書館の本の冊数の合計のうち、上位二つと下位二つを抜き出してみたよ。

表 2

1か月に読まれた図書館の本の冊数別の人数				
	0冊	1〜2冊	3〜6冊	7〜10冊
9月	130人	170人	80人	40人
10月	100人	110人	150人	60人
11月	120人	90人	150人	60人

表 3

読まれた図書館の本のジャンル別冊数（上位・下位各二つ）				
	文学	芸術	技術	産業
9月	520冊	260冊	40冊	10冊
10月	800冊	270冊	40冊	10冊
11月	790冊	260冊	40冊	10冊

ま　ほ：表1に加えて、表2と表3があれば、今年度行ったプレゼント企画と本紹介ポスター作成の活動によって、目標を達成できたかどうか判断できそうだね。みんなで考えてみよう。

あ　き：そうだね。そうしよう。

問い

(1)　下線部について、図書委員会の行った二つの活動(プレゼント企画・本紹介ポスター作成)それぞれについて、目標を達成できたかどうか、次の<採点の基準>をふまえて、まとめましょう。

<採点の基準>※項目ごとに次の表に示された得点が与えられます。

	10点	5点	0点
活動のまとめ	表1〜3のそれぞれの結果を二つ以上組み合わせて、根拠となる人数や冊数を具体的に示しながらまとめている。	表1〜3のそれぞれの結果の一つから、根拠となる人数や冊数を具体的に示しながらまとめている。	表1〜3のそれぞれの結果から、根拠となる人数や冊数を具体的に示していない。

(2)　あなたは、表１～３から読み取れる課題をもとに、次年度の図書委員会の目標と読書月間の活動内容を提案することになりました。まほさんたちのように、一人一人が読書をしたいと思える活動の提案を、次の＜採点の基準＞をふまえ、150字以上200字以内で書きましょう。

　　　書き出しは、次の例を参考にしましょう。（この例と全く同じ書き出しでなくてもかまいません。）

> 今年度の課題は [　　　] だったため、次年度の目標を [　　　] とし、[　　　] を次年度の活動内容として提案します。

＜採点の基準＞※項目ごとに次の表に示された得点が与えられます。

字　数	10点		0点
	条件どおりである。		条件どおりでない。

今年度の課題とそれを解決するための目標	10点	5点	0点
	表１～３から読み取れる今年度の課題が書かれ、それに対応した次年度の目標が書かれている。	表１～３から読み取れる今年度の課題は書かれているが、それに対応した次年度の目標が書かれていない。	表１～３から読み取れる今年度の課題が書かれていない。

目標達成のための活動理由	10点	5点	0点
	具体的な活動内容が、なぜ目標達成につながるかをふまえた理由とともに書かれている。	具体的な活動内容は書かれているが、なぜ目標達成につながるかをふまえた理由は書かれていない。	具体的な活動内容が書かれていない。

(4)										
	1番	2番	3番	4番	5番	6番	7番	8番	9番	10番
(5)										

学 校 名

受 検 番 号

(4)	一つ目のルート	
(5)	G 二つ目のルート	F
	G 三つ目のルート	F

（2）

75
80
105
120
135
150
165
180
185
200

学　校　名		受　検　番　号			

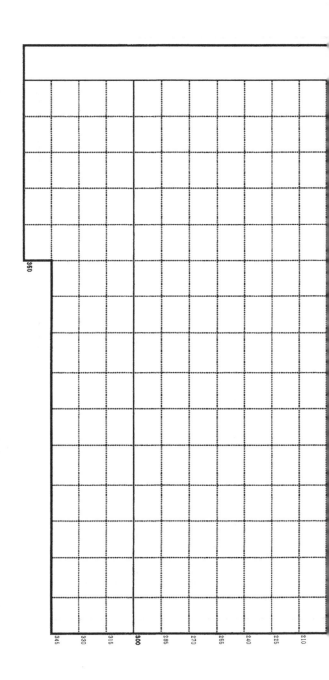

2　50点

※ ◆の間から、横書きで書きましょう。

※「、」や「。」も1字として数えるので、途中で行を変えないで、続けて書きましょう。行の最後で右にますがないときは、ますの外に書いたり、ますの中に文字と一緒に書いたりせず、次の行の初めのますに書きましょう。

白井さん　　　　　黒田さん　　　　　赤川さん

◆

問い

15　30　45　60　75　90　105　120　135　150　180

令和６年度（2024年度）　市立札幌開成中等教育学校入学者選考

適性検査Ⅱ　解答用紙

※100点満点

1

(1)10点
× 2
(2)30点

(1)

プレゼント企画

本紹介ポスター作成、

※◆の印から、横書きで書きましょう。途中で行を変えないで、続けて書きましょう。

※「。」や「、」も1字として数えるので、行の最後で右にますがないときは、ますの外に書いたり、ますの中に文字と一緒に書いたりせず、次の行の初めのますに書きましょう。

◆

令和6年度（2024年度）　市立札幌開成中等教育学校入学者選考

適性検査Ⅰ　解答用紙

2

(1)	ア	
(2)	イ	
(3)	ウ	

(1)5点
(2)5点
(3)10点
(4)10点
(5)20点
（1つに
つき10点）

令和６年度（2024年度）　市立札幌開成中等教育学校入学者選考

適性検査Ⅰ　解答用紙

※100点満点

1

(1)10点
(2)完答10点
(3)10点
(4)完答10点
(5)完答10点

(1)

ア

(2)

1番 ばん	2番 ばん	3番 ばん	4番 ばん	5番 ばん

(3)

イ

※次の原稿用紙は下書き用なので、使っても使わなくてもかまいません。解答は、解答用紙に書きましょう。

※◆の印から、横書きで書きましょう。途中で行を変えないで、続けて書きましょう。

※「。」や「、」も1字として数えるので、行の最後で右にますがないときは、ますの外に書いたり、ますの中に文字と一緒に書いたりせず、次の行の初めのますに書きましょう。

(下書き用)

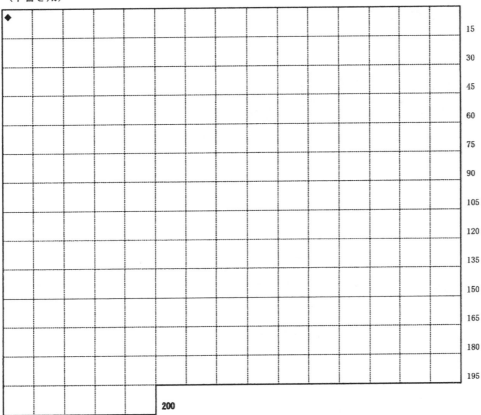

　あなたは、開成市に一泊二日の修学旅行に行き、大変充実した時間を過ごしました。

　以下の３人は、この修学旅行中に関わった人たちで、名前とともに、それぞれの役割や、行動を箇条書きにして示しています。以下の内容を読んで、問いに答えましょう。

【バスガイドの白井さん】
・明るく大きな声で、見学場所のガイドをしていた。
・自分の小学生時代の失敗談を面白く話していた。
・流行りの曲をカラオケで熱唱していた。
・集合写真の撮影のときには、カメラの後ろから、ひょうきんなポーズをしていた。

【訪問した博物館の黒田さん】
・誰もが引きこまれる、分かりやすいプレゼンテーションをしていた。
・どんな質問にも、すべて的確に答えていた。
・興味のある子には、個別に専門的な内容まで説明をしていた。
・修学旅行後のまとめで使える本を紹介していた。

【宿泊先のホテルの赤川さん】
・部屋の清掃をしっかり行い、今回の滞在を歓迎するメッセージを書いたカードを置いていた。
・水筒をなくして困っている子と一緒に、ホテルの中だけではなく外までも探して、見付けていた。
・顔色が悪い子に気が付き、優しく声をかけていた。
・雨の中にも関わらず、笑顔でバスの出発を見送っていた。

問い

修学旅行中に関わった３人の中から一人を選び、次のページの＜採点の基準＞をふまえ、300字以上350字以内でお礼の手紙を書きましょう。
なお、解答用紙にある名前は、手紙を書く相手を丸で囲んでください。

字数	10点		0点	
	条件どおりである。		条件どおりでない。	

お礼の言葉	10点	5点	0点	
	お礼の言葉とともに、そのときの自分が感じたことや思ったことも書かれている。	お礼の言葉が書かれている。	お礼の言葉が書かれていない。	

行動に込められた思いの想像	10点	5点	0点	
	相手の行動について、どのような思いが込められているかを想像した内容が書かれている。※全ての行動について取り上げる必要はない。	相手の行動について書かれている。※全ての行動について取り上げる必要はない。	相手の行動について書かれていない。	

これからの生活	20点	10点	5点	0点
	相手の思いと関連させ、現在の自分の課題にもふれながら、これからの生活にどう生かしていくか書かれている。	相手の思いと関連させ、これからの生活にどう生かしていくか書かれている。	自分のこれからの生活にどう生かしていくか書かれている。	自分のこれからの生活にどう生かしていくか書かれていない。

※次の原稿用紙は下書き用なので、使っても使わなくてもかまいません。解答は、解答用紙に書きましょう。

※◆の印から、横書きで書きましょう。途中で行を変えないで、続けて書きましょう。

※「。」や「、」も1字として数えるので、行の最後で右にますがないときは、ますの外に書いたり、ますの中に文字と一緒に書いたりせず、次の行の初めのますに書きましょう。

◆

15
30
45
60
75
90
105
120
135
150
165
180
195
210
225
240
255
270
285
300
315
330
345

350

これで、適性検査Ⅱの問題は終わりです。

令和６年度（2024年度）市立札幌開成中等教育学校入学者選考
適性検査Ⅱ

適性検査Ⅰ

問題用紙のあいている場所は、下書きや計算などに使用してもかまいません。

K 教英出版

　きたさんは、夏休みの自由研究でカードゲームを作りました。完成したカードゲームを友人の、にしさん、ひがしさん、みなみさんをさそって４人でやってみることになりました。４人の会話文やルールブックを読んで、(1)から(5)の問いに答えましょう。

き　た： 私が作ったゲームは、12枚のカードをうまく組み合わせていくゲームだよ。ルールが複雑だから、ルールブックを作ったのでそれをまず読んでから始めよう。

【ルールブック】
・このゲームは、季節を表す「春」「夏」「秋」「冬」の４枚のカードと、果物を表す「いちご」「すいか」「かき」「みかん」の４枚のカードと、イベントを表す「花見」「七夕」「月見」「正月」の４枚のカードの合計12枚のカードを使います。
・カードの組み合わせによって得点が決まっており、４人で協力してより高い合計得点を目指します。
・全員がカードを表にしておたがいの手持ちのカードを自由に見ることができますが、おたがいに会話をして相談することはできません。

　［ゲームのすすめ方］
①４人が円形に座ります。
②12枚のカードをバラバラにまぜてから一人３枚ずつ４人に配ります。
③全員、合図とともに手持ちのカードのうち１枚を右となりの人に渡します。
④さらに、おたがいの手持ちのカードを確認して、合図とともに１枚を右となりの人に渡します。
⑤このときの４人それぞれのカードの組み合わせによって、その回の合計得点が決まります。

［組み合わせと得点］

- 春セット（3枚が「春・いちご・花見」）…7点
- 夏セット（3枚が「夏・すいか・七夕」）…7点
- 秋セット（3枚が「秋・かき・月見」）…7点
- 冬セット（3枚が「冬・みかん・正月」）…7点
- 季節セット（3枚とも季節　例「春・秋・冬」など）…5点
- 果物セット（3枚とも果物　例「いちご・すいか・かき」など）…5点
- イベントセット（3枚ともイベント　例「花見・七夕・正月」など）

…5点

- 3種類セット（上の7点になるセットにはなっていないが、季節、果物、イベントのカードが1枚ずつ入っている　例「秋・かき・花見」など）

…3点

- 上の組み合わせ以外…0点

みなみ：うわー、なんだかむずかしそうなゲームだね。ルールを理解するのも大変そうだな。

ひがし：大事なのは、他の人よりも高い得点を目指すのではなくて、みんなで協力してより高い合計得点を目指すってことだよね。

に　し：そうか、だから最初に配られたカードをおたがいが見て、より高い合計得点を目指せるように考えてカードを渡さなければならないんだね。

き　た：だけど、会話をして相談することはできないから、他の人が目指すセットも考えて、カードを渡さないと高い合計得点はねらえないようになっているんだよ。

ひがし：配られた最初のカードと、みんなが相手のことも考えてカードを渡すことができると最高で　ア　点になるんだね。

に　し：なるほど。そうなると2番目に高い得点は　イ　点になるね。

き　た：そうだね。カードの組み合わせ次第で他の組み合わせを作ることができなくなる時もあるから気を付けなければならないよ。

2023(R5) 札幌開成中等教育学校

Ｋ教英出版

みなみ：そうすると、みんなが５点ずつで合計20点になることはないっ
　　　　てことかな。

ひがし：そういうことになるね。①だけど、４人とも５点ではなくても
　　　　合計20点になる方法はあるよね。

に　し：そうだね。例えば、２回渡した後のカードの組み合わせが４人
　　　　のうち二人が　ウ　セットと　エ　セットで、残りの二人とも
　　　　　オ　セットになっていれば合計20点になるね。

みなみ：ああ、そうか。うーんむずかしいなー。

ひがし：むずかしいけど、カードの受け渡しは２回しかないから、最初
　　　　に配られたカードのうち自分の右となりの人が持っているカー
　　　　ドは、自分には絶対に回ってこないよ。そのことを参考にする
　　　　と、自分のねらえる組み合わせも決まってくるよね。

き　た：とりあえず、みんなで一度やってみようよ。
　　　　じゃあ、カードを配るよ。

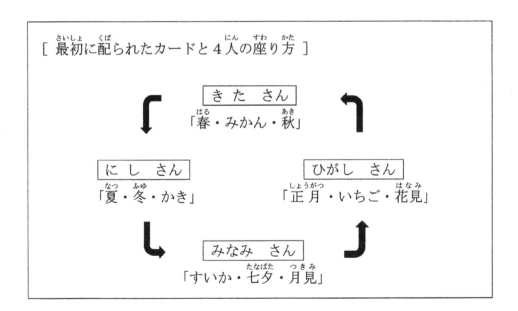

[最初に配られたカードと４人の座り方]

きた　さん
「春・みかん・秋」

にし　さん
「夏・冬・かき」

ひがし　さん
「正月・いちご・花見」

みなみ　さん
「すいか・七夕・月見」

(1)　　ア　に当てはまる数字を書きましょう。

(2)　　イ　に当てはまる数字を書きましょう。

(3)　下線部①の方法を具体的に説明する文になるように、にしさんの会話文中の　ウ　と　エ　と　オ　に当てはまる言葉を書きましょう。

(4)　［最初に配られたカードと4人の座り方］から、みなみさんがねらって作ることのできる組み合わせを、下の8つの中からすべて選び、解答らんの表に〇をつけましょう。

・春セット　　　　　　・季節セット
・夏セット　　　　　　・果物セット
・秋セット　　　　　　・イベントセット
・冬セット　　　　　　・3種類セット

(5)　4人がみんなのことを考えてカードを渡すことができたとしたら、今回は最高で合計何点を取ることができますか。4人それぞれの得点と合計得点を書きましょう。

あいこさんとゆうきさんとひなのさんは、クラス会で行う暗号ゲームの題材を探しに図書館に行きました。そこで「Kコード」と呼ばれる暗号の本を見つけ、暗号について勉強することにしました。次の会話文や説明文をもとに、(1)から(5)の問いに答えましょう。

このメモらんは考えるために使ってかまいません。

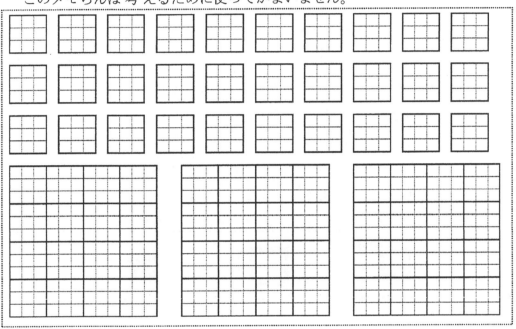

ゆうきさん：本にはKコードの例、Kコードの仕組み、機械による読み取り方のページがあるよ。読んでみよう。

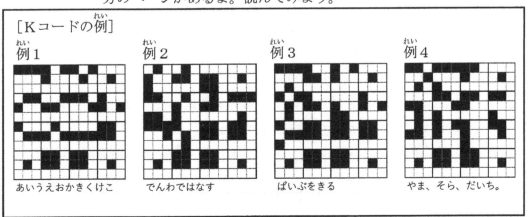

[Kコードの例]

例1　あいうえおかきくけこ

例2　でんわではなす

例3　ぱいぷをきる

例4　やま、そら、だいち。

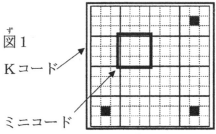

［ Kコードの仕組み］

図1　Kコード

ミニコード

図2　ミニコード

1	2	3	■
4	5	6	7
8	9	10	11
■	12	13	■

1. 図1のようにKコードは縦3マス、横3マスでできたミニコードを縦4個、横4個並べて作ります。また、機械がKコードを正確に読み取るために、図1で示してある3か所に ■ のミニコードを置くこととします。

2. ミニコード1つで1つの文字（ひらがな）を表しています。ただし、「ぱ」や「ば」などの「゜」や「゛」は1文字として数えます。

3. ミニコードを読む順番は図2の通りです。

4. ミニコードは図3の逆L字型の部分と図4の四角部分の組み合わせで作られています。図3の逆L字型の部分のぬり方の組み合わせであ行から行を表現し、図4の四角部分のぬり方の組み合わせであ段からお段を表現します。ただし、①「わ」「を」「ん」はこの法則に当てはまりません。

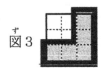　図3　　　図4　　　図5

5. 空白を表すミニコードは図5です。

ゆうきさん：例1を使ってKコードを読む練習をしよう。

ひなのさん：例1は10文字だから、11文字目以降は空白を表すミニコードになっているね。

あいこさん：そうだね。文字の数はこれで分かりそうだね。例1の「あ」のミニコードと「か」のミニコードを比べてみると、1マスだけ黒くぬられている場所がちがうね。

ゆうきさん：説明文のとおりだね。このようにして例1から例4のKコードを比べると②ひらがなを理解することができそうだね。

ひなのさん：「わ」「を」「ん」の文字や「。」「、」なども例1から例4のミニコードを参考にすることで解決しそうだね。

ゆうきさん：いろいろやって分かってきたね。さっそくKコードを使って文章を表してみようかな。

　さらに、本の［機械による読み取り方］というページから「Kコード」は機械で読み取ることができるものだということが分かってきた。また、図書館には「Kコード」を読み取る機械もあった。

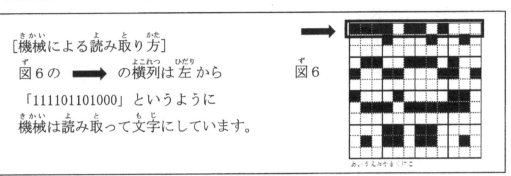

[機械による読み取り方]
図6の ➡ の横列は左から
「111101101000」というように
機械は読み取って文字にしています。

図6

ひなのさん：なるほど。機械ではKコードのぬりつぶしてある部分を「1」、ぬりつぶしていないところを「0」として認識しているんだね。

ゆうきさん：仕組みもだいぶ分かってきたし、Kコードを書いてみよう。
　　　　　　まずは「こんにちは、ゆうきです」をKコードで書くとどうなるかな。

ひなのさん：③[機械による読み取り方]の通りに「1」と「0」で表すとどうなるかも気になるね。

ゆうきさん：ところで、[Kコードの仕組み]には機械がKコードを正しく読み取るために、■ のミニコードを3か所に置くという説明があったね。

あいこさん：■ のミニコードをひとつ多くしたKコードにしたらどうなるか実験してみよう。（図7を見せる）

図7　　　　　　図8　　　　　　図9

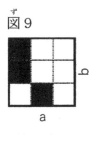

ゆうきさん：このKコードを図8のような順番で読み取らせるようにしたと
き、「　ア　」と書いたKコードを読み取らせてみよう。
（ゆうきさんは　ア　のKコードを機械で読み取らせる）

ひなのさん：読み取り結果がでたよ。

┌───┐
│　読み取り結果　→　　「しとてつせんちをすんりわ」　│
└───┘

あいこさん：あれ。　ア　とは読み取らなかったね。しかも 10文字の言葉を
書いたはずなのに 12文字になってしまったよ。

ゆうきさん：きっと ▪ のミニコードが1つ多いせいで、機械が読み取
るときに上下左右を間違えて図8の順番とは違う順番で読ん
だんだ。そして、上下左右が変わると違う字を表すコードにな
るよね。例えば、図9のミニコードはaを下にして読むと「し」
と読めるけどbを下にして読むと「　イ　」と読める。機械は図
8のKコードもbを下にして、6番から読んだから、間違った結
果になったんだ。

(1)　下線部①について、「を」を表すミニコードを解答らんの図に書き込み
ましょう。

(2)　下線部②について、「さ行」を表すミニコードの共通点を解答らんの
図の逆L字型の部分に書き込みましょう。また、「せ」を表すミニコー
ドとして適切なものを解答らんの図に記入しましょう。

(3) 下線部③について、「こんにちは、ゆうきです」をKコードで表したとき、次の図10 の ➡ の横列は「1」と「0」を用いるとどのように表すことができるのか、12個の数字で答えましょう。

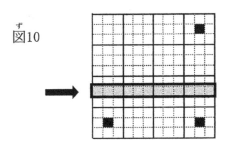

図10

(4) [イ] に入るひらがな1文字を書きましょう。

(5) [ア] に入る文字を、10文字で書きましょう。(場所と文字が合っていて1文字1点)

これで、適性検査Ⅰの問題は終わりです。

令和５年度（2023年度）　市立札幌開成中等教育学校入学者選考

適性検査Ⅱ

問題用紙のあいている場所は、下書きや計算などに使用してもかまいません。

1

　だいちさん、まおさん、ゆうきさんが通う小学校では、毎年、他の学年といっしょに２時間の「地域清そう」を行っています。今年は、「コミュニケーションをとること」と「計画的に地域清そうに取り組むこと」を目標にして、実施に向けた準備を進めています。まず、３人がそれぞれ所属している６年生のグループでは昨年の「地域清そう」について良かったこと、失敗したので改善したいこと（改善策も含む）の振り返りを６つずつ出してみました。３人は、その振り返りメモを見ながら話し合っています。グループの振り返りメモと会話文を読んで、あとの問いに答えましょう。

だいちさんグループの振り返りメモ　担当場所：近くの公園

①１年生から６年生まで、どの学年の子も楽しそうにやっていた。

②１年生は、小さいゴミを集めてくれた。初めての地域清そうで分からないことだらけだったはずなのに、よくがんばっていた。

③担当場所の清そうが終わった４年生の子が、１年生の手伝いをしていた。

④３年生は３年生だけで集まっていて同じところばかりをやっていたから、他の学年といっしょに清そうをしている感じがなかった。

⑤ほうきを持っていかなかったので、たくさんあった落ち葉を集めるのに苦労し、手や服がよごれてしまった。

⑥今年は、ほうきなど必要な道具を前もって確認しておく。

まおさんグループの振り返りメモ　担当場所：通学路の花だん

①昨年は、１～３年生の場所と、４～６年生の場所に分けて雑草を抜いた。

②私たち５年生は、同じ担当場所の４年生とは、たくさん話ができた。

③面白がって遊び始める子もいて腹が立った。でも、怒らずに注意したので、その後は、遊びをやめてまじめにやってくれた。

④終わった時、きれいになった花だんと、まだ雑草が残っている花だんとに分かれていた。

⑤今年は、手順をしっかりと確認して計画的に作業をしたい。

⑥作業の進みぐあいを見て、指示する人も必要だと思う。

ゆうきさんグループの振り返りメモ　担当場所：近くの商店街
①商店街の人たちが手伝ってくれ、きちんとお礼を言えた。
②その場で重い荷物を運ぶことが必要になって、荷物運びが得意な6年生たちがみんなで運んでいた。
③歩道を念入りに清そうしたが、他にもできたことがあったかもしれない。
④私たち5年生はゴミ分別の仕方がよく分からずに、燃えるゴミの袋にペットボトルを入れてしまった。
⑤ゴミの分別方法をきちんと調べておけば良かった。
⑥分別してあるゴミ袋を間違えないように、ゴミ袋に絵や色などの目印を付けるのも良いと思う。

ゆうき：メモからは、グループによって振り返りが違うのが分かるよ。

ま　お：そうね。だいちさんのグループは、メモの　⑥　にあるように、必要な道具の確認について振り返っているところが、私のグループにはない良さだね。たしかに、地域清そうをするために何が必要か考えることって大事だと思う。

ゆうき：今年の目標を達成できるように何か新しいことを考えてみましょう。

だいち：そうだね。せっかくグループで振り返ったから、振り返りの内容をさらに生かした提案をしてみようよ！

問い

(1) 下線部にならい、だいちさんの立場から、まおさんグループと、ゆうきさんグループについて、自分のグループの振り返りにはない良さを1つずつ書きましょう。次の＜採点の基準＞をふまえて、答え方の、　ア　には番号を1つ入れ、　イ　には言葉を入れましょう。

答え方：メモの　ア　にあるように、　イ　について振り返っているところが、私のグループにはない良さです。

<採点の基準>※項目ごとに次の表に示された得点が与えられます。

自分のグループの振り返りにはない良さ	15点	10点	0点
	まおさんグループとゆうきさんグループの両方のグループについて、だいちさんのグループにはない振り返りの良さをそれぞれ書いている。	まおさんグループとゆうきさんグループの、いずれか１つのグループについて、だいちさんのグループにはない振り返りの良さを書いている。	まおさんグループとゆうきさんグループの、どちらのグループについても、振り返りの良さを書いていない。

(2) あなたは、だいちさん、まおさん、ゆうきさんの３人のうちの一人になったとして、今年の「地域清そう」に向けた提案をすることになりました。「地域清そう」の目標は、「コミュニケーションをとること」と「計画的に地域清そうに取り組むこと」です。次の<採点の基準>を踏まえて、この目標を達成するために、振り返りの内容を生かした新たな提案を、150字以上200字以内で書きましょう。

解答らんには、３人のうち誰を選んだのかが分かるように名前に○をつけましょう。また、書き出しは、次の例を参考にしましょう。（この例と全く同じ書き出しでなくてもかまいません。）

> 私の提案は、○○○○です。

<採点の基準>※項目ごとに次の表に示された得点が与えられます。

	5点	0点	
字　数	条件どおりである。	条件どおりでない。	

	10点	0点	
振り返り	振り返りの内容を生かした提案になっている。	振り返りの内容を生かした提案になっていない。	

	10点	5点	0点
コミュニケーションをとること	「コミュニケーションをとること」の目標を達成するための十分な提案になっており、説得力がある文章になっている。	「コミュニケーションをとること」の目標を達成するための提案になっている。	「コミュニケーションをとること」の目標を達成するための提案になっていない。
計画的に取り組むこと	「計画的に地域清そうに取り組むこと」の目標を達成するための十分な提案になっており、説得力がある文章になっている。	「計画的に地域清そうに取り組むこと」の目標を達成するための提案になっている。	「計画的に地域清そうに取り組むこと」の目標を達成するための提案になっていない。

(4)	冬セット	
	季節セット	
	果物セット	
	イベントセット	
	３種類セット	

	きたさんの得点	にしさんの得点	みなみさんの得点	ひがしさんの得点	合計得点
(5)					

学 校 名	受 検 番 号

(4)										
(5)										

（2）

（縦書き原稿用紙、マス目。右側に字数目盛り 75・90・105・120・135・150・165・180・195・200）

学　校　名

受　検　番　号

問^とい

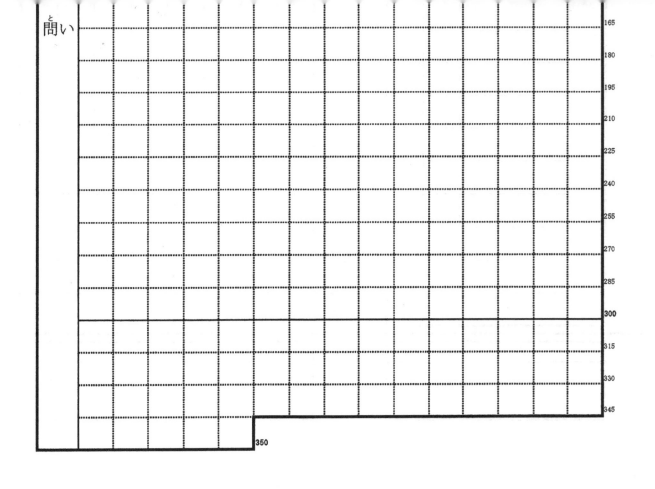

165
180
195
210
225
240
255
270
285
300
315
330
345
350

令和５年度（2023年度）　市立札幌開成中等教育学校入学者選考

適性検査Ⅱ　解答用紙

2

50点

※◆の印から、横書きで書きましょう。途中で行を変えないで、続けて書きましょう。

※「。」や「、」も1字として数えるので、行の最後で右にますがないときは、ますの外に書いたり、ますの中に文字と一緒に書いたりせず、次の行の初めのますに書きましょう。

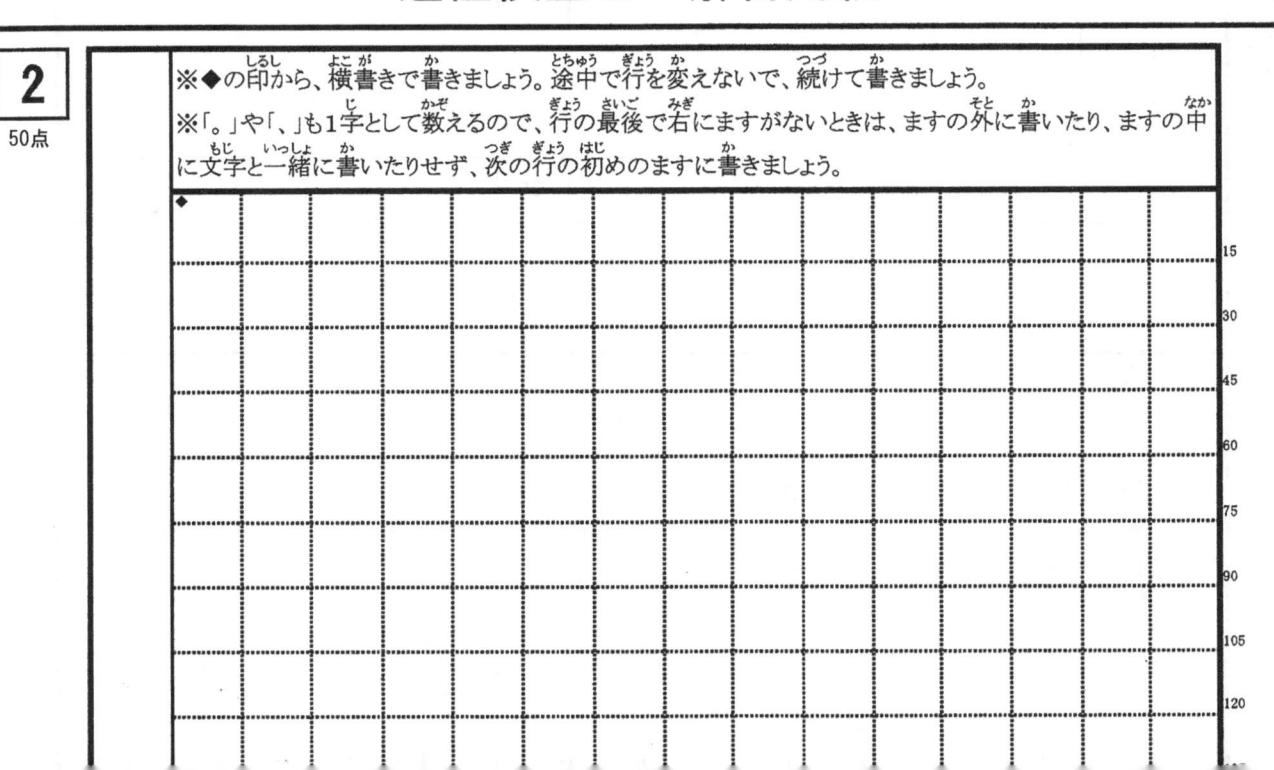

令和5年度（2023年度）　市立札幌開成中等教育学校入学者選考

適性検査Ⅱ　解答用紙

※100点満点

1		まおさんグループ	ア	
(1)15点 (2)35点	イ			
(1)	ゆうきさんグループ		ア	
	イ			

選んだ人に○をつけましょう	だいちさん（公園）・まおさん（花だん）・ゆうきさん（商店街）

※◆の印から、横書きで書きましょう。途中で行を変えないで、続けて書きましょう。

※「。」や「、」も1字として数えるので、行の最後で右にますがないときは、ますの外に書いたり、ますの中に文字と一緒に書いたりせず、次の行の初めのますに書きましょう。

◆

適性検査Ⅰ　解答用紙

2

(1)10点
(2)5点×2
(3)完答10点
(4)10点
(5)1点×10

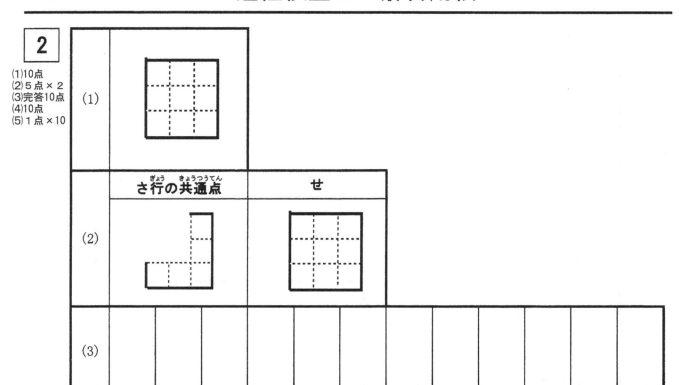

令和5年度（2023年度）　市立札幌開成中等教育学校入学者選考

適性検査Ⅰ　解答用紙

※100点満点

1

(1)10点
(2)10点
(3)完答10点
(4)10点
(5)完答10点

	ア
(1)	

	イ
(2)	

	ウ	エ	オ
(3)			

春(はる)セット
夏(なつ)セット

※下の原稿用紙は下書き用なので、使っても使わなくてもかまいません。解答は、解答用紙に書きましょう。

※◆の印から、横書きで書きましょう。途中で行を変えないで、続けて書きましょう。

※「。」や「、」も1字として数えるので、行の最後で右にますがないときは、ますの外に書いたり、ますの中に文字と一緒に書いたりせず、次の行の初めのますに書きましょう。

（下書き用）

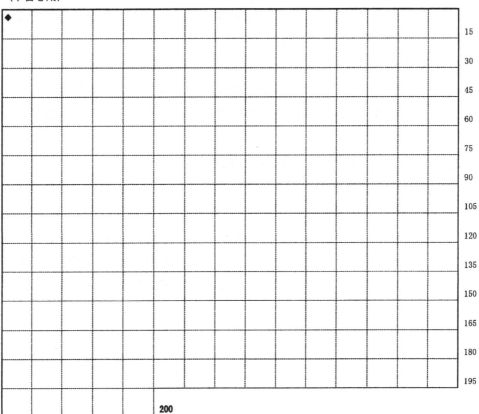

2

　ひかるさんは学校新聞の「ちょっといいこと」コーナーを担当しています。そらさんの話がとても良かったので、そらさんにこのコーナーの原こうを依頼することにしました。
　次のひかるさんとそらさんの会話文を読んで、問いに答えましょう。

そ　ら：このあいださ、ひどい雨が降ったでしょう。あのときにすごく
　　　　いいことがあったんだ。

ひかる：えっ、あんなどしゃ降りの日に？お昼過ぎから急に降ったよね。

そ　ら：そうそう、その日のことだよ。サッカーの大会があって、帰り
　　　　はみんなとお昼を食べないで、バスにも乗らないで一人で帰っ
　　　　たんだ。

ひかる：それはどうして？何かあったの？

そ　ら：あと１点というところだったのに負けてさ、気持ちの整理がつ
　　　　かず、すごくもやもやしていたんだ。

ひかる：ああ、そうだったみたいだね。おしかった、と聞いたよ。

そ　ら：だから一人で帰ったんだけど、いきなり雨が降ってきて、どん
　　　　どんひどくなって、どうしようって困ってしまったんだ。かさ
　　　　なんて持ってないしね。

ひかる：じゃあどうしたの。走ったの？

そ　ら：いやいや、あっという間にずぶぬれになっちゃって、クリーニ
　　　　ング店ののき先で雨やどりしていたんだ。

ひかる：えっ、お店に用もないのに？

そ　ら：そうしたら、その店の人が出てきちゃって…

ひかる：えっ、それは怒られたんじゃないの？

そ　ら：と思うよね。それがさぁ、ちがうんだよ。あんなぐうぜんある
　　　　んだと思ったね。その後は、なんだかいい気分になっちゃって
　　　　家に帰れたんだよ。

ひかる：えっ、何があったの？。

そ　ら：実は、その人がね…

問い

　この後も二人の会話は続きます。この会話の後、ひかるさんはそらさんに原こうを依頼しました。あなたがそらさんだったら、どのような記事を書きますか。

　次の条件と採点の基準をふまえて書きましょう。

【記事を書く上での条件】

① 300字以上350字以内の新聞記事を完成させる。

② 会話から分かったその日の出来事を、筋道を立てて書く。

③ 雨やどりをした以降の「いいこと」について、会話の内容をふまえて、想像して書く。ただし、想像の部分には、次の3語を自然な形で、すべて取り入れて書く。

> 記念Tシャツ、　虹、　歌

④ 記事には、そらさんの気持ちも書く。

<採点の基準>※項目ごとに次の表に示された得点が与えられます。

字数	5点		0点	
	条件どおりである。		条件どおりでない。	
会話部分の内容	5点		0点	
	条件どおりである。		条件どおりでない。	
想像部分の内容	10点	5点		0点
	会話の内容とつながりが見られる「いいこと」の内容を想像して書いている。	会話の内容とつながりが見られないが、「いいこと」の内容を想像して書いている。		「いいこと」の内容を想像して書けていない。
3語の使用	10点	5点		0点
	3語（記念Tシャツ・虹・歌）をすべて使用している。	3語のうち、使用していないものがある。		3語のいずれも使用していない。
3語の使用方法	15点	10点	5点	0点
	3語をすべて使用しており、自然な形で話が作られている。	3語のうちいくつか使用しており、自然な形で話が作られている。	使用しているが不自然な形で話が作られている。	不自然な形で使用している。または、使用していない。
気持ち	5点		0点	
	そらさんの気持ちが書かれている。		そらさんの気持ちが書かれていない。	

※次の原稿用紙は下書き用なので、使っても使わなくてもかまいません。解答は、解答用紙に書きましょう。

※◆の印から、横書きで書きましょう。途中で行を変えないで、続けて書きましょう。

※「。」や「、」も1字として数えるので、行の最後で右にますがないときは、ますの外に書いたり、ますの中に文字と一緒に書いたりせず、次の行の初めのますに書きましょう。

◆

15
30
45
60
75
90
105
120
135
150
165
180
195
210
225
240
255
270
285
300
315
330
345

350

これで、適性検査Ⅱの問題は終わりです。

令和５年度（2023年度）市立札幌開成中等教育学校入学者選考
適性検査Ⅱ

適性検査Ⅰ

注　意

1　検査監督の先生の合図があるまで、中を開かないでください。

2　検査問題は、1ページから9ページまであります。

3　解答用紙は、表と裏の両面に解答らんがあります。解答は、全て解答用紙に書きましょう。

4　解答時間は、45分間です。

5　机の上の「受検票」をよく見て、解答用紙に、学校名、受検番号をまちがいのないように書きましょう。

1

　かおるさんとひかるさんは、児童会館で「ぼうけん少年カイセイ」という本を見つけ、読んでみることにしました。かおるさん、ひかるさん、館長の会話文と説明文を読んで、(1)から(5)の問いに答えましょう。

かおる：「ぼうけん少年カイセイ」の本にはゲームと物語がのっているね。

ひかる：じゃあ、まずゲームで遊んでみようかな。館長さん、ゲームで遊んでもいいですか。

館　長：もちろんです。「ぼうけん少年カイセイ」のゲームは3人以上で行う必要があるので、わたしもゲームに参加しますね。ゲームの説明書を読んでみましょう。

【ゲームの説明書】

　このゲームは参加者2人以上と審判役1人の合計3人以上で行います。このゲームでは、呪文カードと呼ばれる呪文の書いてあるカードを使います。呪文カードに書いてある呪文の種類は下の4種類です。

　・あかの呪文　・あおの呪文　・みどりの呪文　・しろの呪文

　参加者は審判役の言葉をもとに、話し合って呪文の強さの順番を当てます。なお、参加者にはあらかじめ4種類の呪文カードがそれぞれ1枚ずつ、計4枚のカードが配られています。

【ゲームの手順】

①審判役はゲームを始める前に呪文の強さの順番を決めて、ひみつのメモカードに記録し、参加者に見えないようにしておきます。

②参加者は手持ちの呪文カードから1枚選び、裏返しにしておきます。

③審判役の「オープン！」の合図とともに、参加者はカードを表にします。

2022(R4) 札幌開成中等教育学校
Ｋ教英出版

④審判役はあらかじめ書いていたひみつのメモカードに従って、参加者が選んだ呪文カードを比べて、一番強い呪文カードを出した参加者の名前を言います。

⑤審判役が決めた呪文の強さの順番を、参加者みんなで当てることができるまで、これをくり返します。

館　長：今回の審判役はわたしがやりますね。呪文の強さの順番も考えましたよ。では、さっそく始めましょう。

かおる：わたしから先に呪文カードを置きますね。

ひかる：わたしも呪文カードを置きました。

館　長：では、「オープン！」

かおる：わたしは「あかの呪文」で、ひかるさんは「あおの呪文」だね。

館　長：強い呪文カードを出したのは、ひかるさんです。

ひかる：審判役が決めた強さの順番では「あおの呪文」の方が強いことがわかるね。

かおる：ということは、何回も呪文カードの強さを比べていけば、審判役が決めた呪文の強さの順番がわかるんじゃないかな。

ひかる：そうだね。呪文カードの組み合わせを全部試して比べていけば、呪文の強さの順番が必ずわかるはずだよ。

かおる：同じ種類の呪文どうしは引き分けになることがわかっているから、その組み合わせを除くと全部で　ア　通りの呪文カードの組み合わせがあるね。

館　長：確かに、全ての組み合わせを行うと必ず呪文の強さの順番がわかりそうですが、途中までの結果をもとに考えてもわかるはずですよ。

ひかる：そうですね。では、ゲームを続けて結果をまとめてみますね。

（かおるさんとひかるさんはゲームを続け、その後3回分までの結果を表1のようにまとめました。）

表1

かおるさんの出した呪文カード	ひかるさんの出した呪文カード	強い呪文カードを出した人
みどり	しろ	かおるさん
あお	みどり	ひかるさん
しろ	あお	かおるさん

ひかる：ここまでの結果で呪文の強さの順番がわかるね。

かおる：うん。呪文の強さの順番は　イ　だね。

館　長：正解です。よくわかりました。

ひかる：参加者4人で遊ぶとどうなるかな。

かおる：①4人の参加者が相談しながら呪文カードを出せば、3回で呪文の強さの順番がわかりますね。

(1)　　ア　に当てはまる数字を書きましょう。

(2)　　イ　に入る呪文の強さの順番を、強いものから順に並べて書きましょう。

(3)　下線部①について、呪文の強さの順番を3回で知るためには、参加者4人がどのように呪文カードを出すとよいのか、1回目、2回目、3回目、それぞれの場合について説明しましょう。

ひかる：次は「ぼうけん少年カイセイ」の物語の最初を読んでみよう。

【ぼうけん少年カイセイの物語】

　ぼうけん少年カイセイは「あかの呪文」「あおの呪文」「みどりの呪文」「しろの呪文」を使うことができる魔法使いに、呪文を習うために旅をしています。

　ある日、7人の魔法使い（魔法使いAから魔法使いG）に出会いました。7人の魔法使いたちは、ぼうけん少年カイセイに以下のことを伝えました。

- 3 -

- 私たちは、全員呪文を使うことができます。私たちの中には「あかの呪文」「あおの呪文」「みどりの呪文」「しろの呪文」を使う魔法使いが1人ずついます。
- 魔法使い1人が使うことができる呪文は1つの種類だけです。（例えば、同じ魔法使いが「あかの呪文」と「あおの呪文」を両方使うことはできません。）
- 私たちの呪文を「石」と「水」にかけると呪文の種類により、それぞれ特別な変化がおきます。呪文には強さの順番もあります。

　7人の魔法使いは、「あかの呪文」「あおの呪文」「みどりの呪文」「しろの呪文」の4つの呪文と4人の魔法使いの組み合わせを当てることができれば、ぼうけん少年カイセイの望みをかなえることを約束しました。ぼうけん少年カイセイは果たして望みをかなえることができるのでしょうか。

ひかる：4つの呪文を使わない残りの3人の魔法使いは、別の呪文を使うんだね。その3人の魔法使いの呪文も「石」と「水」にかけると特別な変化がおきるし、呪文の強さの順番もあることが物語の補足に書いてあったよ。

かおる：だけど、この情報だけで呪文と魔法使いの組み合わせを当てることは難しそうだね。

館　長：物語を読み進めると手がかりがあるかもしれませんよ。

かおる：さっそく読んでみよう。

ひかる：ぼうけん少年カイセイが4つの呪文についてまとめたページがあったよ。（表2）

表 2

	あかの呪文	あおの呪文	みどりの呪文	しろの呪文
「石」に呪文をかけたとき	割れる	光る	光る	割れる
「水」に呪文をかけたとき	色が変わる	氷になる	氷になる	氷になる
強さの順番	3番	1番	2番	4番

かおる：これは手がかりになりそうだね。私はぼうけん少年カイセイが7人の魔法使いについてまとめたページを見つけたよ。
（表3）

表 3

魔法使いの名前	「石」に呪文をかけたとき	「水」に呪文をかけたとき	呪文の強さの順番
魔法使いA	光る	氷になる	3番目
魔法使いB	光る	氷になる	4番目
魔法使いC	割れる	氷になる	2番目
魔法使いD	光る	氷になる	7番目
魔法使いE	光る	氷になる	1番目
魔法使いF	割れる	氷になる	6番目
魔法使いG	割れる	色が変わる	5番目

かおる：魔法使いAが「石」に呪文をかけると光り、「水」に呪文をかけると氷になるということだね。魔法使いAは7人の魔法使いの中で3番目に強い魔法を使うことができるんだ。

ひかる：表2の強さの順番は「あかの呪文」「あおの呪文」「みどりの呪文」「しろの呪文」の4つの種類の呪文の強さの順番だから、表2と表3の呪文の強さの順番には注意が必要だね。

- 5 -

館　長：ここまでの手がかりで４つの呪文と魔法使いの組み合わせを当
　　　　てることはできそうですか。

ひかる：はい。②２つの呪文とそれを使う魔法使いの組み合わせがわか
　　　　りました。

かおる：そうだね。でも残りの２つの呪文と魔法使いの組み合わせは決
　　　　めることができないね。

ひかる：③考えられる呪文と魔法使いの組み合わせを整理してみよう。

館　長：整理を行ったら、物語を最後まで読んで確かめてみましょう。

(4)　下線部②の時点でわかった呪文とそれを使う魔法使いの組み合わせ
　　を書きましょう。

(5)　下線部③について、ひかるさんは考えられる呪文と魔法使いの組
　　み合わせを以下のようにまとめました。　 ウ 　から 　ク 　に入る
　　適切な語句またはアルファベットを書きましょう。

　　　　ひかるさんが考えた組み合わせの整理

・魔法使いＥが使う呪文が　 ウ 　の呪文の場合、魔法使い　 エ 　と魔法使
　い　 オ 　のどちらかが使う呪文は　 カ 　の呪文となる。

・魔法使い　 キ 　が使う呪文が「あおの呪文」の場合、魔法使い　 ク 　が
　使う呪文は　 カ 　の呪文となる。

2

かいさんは自分が考えた新しいゲームについて、せいさんと話をしています。以下の会話文を読んで(1)から(5)の問いに答えましょう。

かい：ゲーム大会のために「開成ナイン」というゲームを考えたよ。

せい：どんなゲームか教えて。

かい：2人で対戦して勝ち負けを決めるゲームだよ。3×3の9マスに2人が交互に1から順番に9まで数字を書いていくよ。1を書く人を先手、2を書く人を後手と呼ぶよ。

せい：じゃあ、全部のマスに数字が書ける場合は、先手が最後に9を書いておしまいだね。

かい：そう。そして数字を書く時にはルールがあって、必ず1つ前に書いた数字の縦横斜めで接しているマスにしか書いてはいけないんだ。数字が書けなくなったらそこでおしまいだよ。試しにやってみよう。わたしが先手で1を書くね。

図1　　　図2

1	2	3
6	5	4
7	8	9

	2	1
	4	3
		5

せい：図1のように全部書けたね。で、勝敗はどうやって決めるの。

かい：横にならんだ2つの数字が二桁の数字になっていることにして、その中で最大の数字を探してみてよ。

せい：図1なら...89だね。

かい：その数字を「勝ち点」と呼び、勝ち点の十の位を書いた人の勝ちとするよ。だから8を書いたせいさんの勝ちだよ。

せい：わかったよ。でもそれだと9を書ける先手が有利じゃない。

かい：先手に右の列に9を書かせるようにするのが後手の作戦になるね。

せい：でも先手が右上に1を書いたら先手の勝ちが決まるんじゃない。たとえば図2のように後手が9を右に書かせようと進めても、

2022(R4) 札幌開成中等教育学校
K教英出版

先手が毎回右に数字を書くようにしていけば、①先手の勝ちが決まるよ。

かい：そんなことはないよ。図3のように2を書けば、まだ勝負はわからないよ。図4のようになれば勝ち点 64 で後手の勝ちだよ。接しているマスをなくして数字を書けなくするのも作戦のうちだね。

図3

		1
	2	

図4

		1
5	2	3
	6	4

せい：なるほど。じゃあ、それならいろいろなパターンが考えられるかもね。もう一度やってみよう。つぎもかいさんを先手にしよう。

図5

		1
3	2	
4	5	

図6

2		
3	1	
4		

かい：図5のようになったら、この後うまく進めていけば先手の勝ちが決まるね。先手が勝つ場合の最小の勝ち点は　ア　だね。

せい：図5を見ると、3をこの位置に書いた時点で、先手の勝ちが決まっているんじゃないかな。後手が4を書けるマスは　イ　個しかないけれど、どのマスに4を書いても、先手が勝つように進めていけるよ。3をこの位置に書いた時に、先手が勝つ場合の最小の勝ち点は　ウ　になるね。

かい：じゃあ、1を書くマスを変えてみよう。図6のようになったら　エ　はうまく進めていけば必ず勝てるようにできるね。

せい：　エ　が勝つ場合の最大の勝ち点は　オ　だね。

かい：おもしろそうだから、次のゲーム大会では開成ナインをみんなでやることにしよう。

せい：それなら、せっかくだから開成ナインの級をつくろうよ。みんな 10 級から始めて、勝った時にもらえるポイント数に応じて級

が上がっていく仕組みにしよう。例えば同じ級の人に1回勝つと1ポイント、1つ上の級の人に1回勝つと2ポイント、というように勝った方が級の差に1を加えたポイントをもらえるようにしよう。自分より下の級の人に勝ってもポイントはもらえないよ。そして、10級の人が3ポイントたまったら9級、9級の人が次に3ポイントたまったら8級というように、合計ポイントが3ポイント増えるごとに1つ上の級に上がるんだ。

かい：ということは、10級の人が4級の人に1回勝つと、7ポイントをもらい、8級に上がることができるんだね。そして、次に2ポイントをもらうと、合計9ポイントとなって7級に上がることができるんだね。

せい：そのとおりだよ。

かい：それならば、10級の人が1級になるには合計 | カ | ポイント必要だね。例えば、はじめは10級の人が1級の人と連続して対戦する場合、| キ | 連勝すれば、同じ1級になれるね。

せい：もし、10級の2人が対戦する場合、2人とも7級になるまでには最低でも | ク | 回対戦する必要があるね。

(1) 下線部①について、図2で先手が勝つ場合の勝ち点を書きましょう。

(2) | ア |、| イ |、| ウ | に当てはまる数字を書きましょう。

(3) | エ | に当てはまる言葉は先手と後手のどちらか書き、| オ | に当てはまる数字を書きましょう。

(4) | カ |、| キ | に当てはまる数字を書きましょう。

(5) | ク | に当てはまる数字を書きましょう。

これで、適性検査Ⅰの問題は終わりです。

令和４年度（2022年度）市立札幌開成中等教育学校入学者選考

適性検査Ⅰ

令和４年度（2022年度）　市立札幌開成中等教育学校入学者選考

適性検査Ⅱ

問題用紙のあいている場所は、下書きや
計算などに使用してもかまいません。

Ⓚ 教英出版

1

　ア・イ・ウを読んで、問いに答えましょう。

ア　私は今年、推せんされて6年2組のボランティア委員になりました。最初はいやいや活動に参加していました。しかし、人からありがとうと言われたり、自分も誰かの助けになれるんだと感じたりすることがあり、今はとても楽しく活動しています。委員じゃなくてもボランティアはできますが、私が変わったきっかけは委員になったことなので、みんなにもぜひ挑戦してみてほしいです。

イ　私は専門学校を卒業後、高齢者のための施設で働いて3年になります。先日、施設の庭の花が枯れてしまったとき、そばにいた入居者の方に何気なく相談したのです。するとその方は、生き生きとアドバイスをしてくださいました。その方はもともと農業関係の仕事をしていたそうです。それまで、部屋にこもりきりで、気力を失っているように見えたお年寄りでした。その後、庭の花の管理係をお願いしたところ、毎日見回りをして、水やりや肥料について私たちに教えてくださるようになりました。

ウ　ぼくには3歳年下の弟がいるんだ。弟は今2歳。おかあさんから弟にやさしくするように言われているんだ。でも、ぼくが絵をかいていると、いつも近づいてきて紙をめちゃくちゃにしちゃうんだ。ぼくが弟をおこったら、お兄ちゃんなんだから許してあげなさいといつもぼくの方がおかあさんにしかられるんだ。弟が生まれてからは、本当にいいことがない。弟のお世話なんて、ぼくはいやだ。ぜったいにやらないぞ。

問い
　　ア・イ・ウの文章の内容に共通する考え方を探究し、あなたがわかったことを、次の<採点の基準>を踏まえて、200字以上300字以内で説明しましょう。

- 1 -

<採点の基準>※項目ごとに次の表に示された得点が与えられます。

字　　数	10点		0点	
	条件どおりである。		条件どおりでない。	

共通点の指摘	20点	10点	0点	
	三つに当てはまる共通点を指摘できている。	二つに当てはまる共通点を指摘できている。	共通点を指摘できていない。	

共通点と三つの文章の内容との関連	20点	10点	5点	0点
	共通点と三つの文章の内容との関連について、深い思考が見られる。	共通点と三つの文章の内容との関連について、説明が成立している。	共通点と二つの文章の内容との関連について、説明が成立している。	共通点と文章の内容との関連について、説明が成立していない。

　なお、その考え方に対するあなたの感想や意見を書く必要はありません。感想や意見を書いてしまった部分は、字数に数えません。

> ×感想や意見の例
> ・私は〇〇することが大事だと思います。
> ・アの人はこうするべきです。

　また、書き出しは、次の例を参考にしましょう。（この例と全く同じ書き出しでなくてもかまいません。）

> 　共通する考え方は、〇〇〇ということです。アでは…

※下の原稿用紙は下書き用なので、使っても使わなくてもかまいません。解答は、解答用紙に書きましょう。

※◆の印から、横書きで書きましょう。途中で行を変えないで、続けて書きましょう。

※「。」や「、」も1字として数えるので、行の最後で右にますがないときは、ますの外に書いたり、ますの中に文字と一緒に書いたりせず、次の行の初めのますに書きましょう。

（下書き用）

													15
◆													

- 3 -

2

　ゆうきさんとるいさんは、「大切に思うこと」をテーマにスライドを使って発表をすることになりました。

　ゆうきさんは「挑戦することの大切さ」、るいさんは「思いやりの大切さ」について述べようと考えています。発表の際は、効果的なスライドを３枚使用し、発表原稿を 200字以上300字以内で書いてから発表することと決められています。

　以下は、ゆうきさんの発表メモです。それを読んで、問いに答えましょう。

【ゆうきさんの発表メモ】

発表のスライド

スライド①	野球のバットとボールの絵がかかれたスライド
スライド②	こげた料理をのせたフライパンの絵がかかれたスライド
スライド③	開いたドアの絵がかかれたスライド

発表原稿

スライド①	人には得意なことと不得意なことがあります。打つことが得意でも、ボールを投げたりキャッチしたりすることが苦手な人もいます。でも、不得意だからと言ってあきらめてもいいのでしょうか。(88字)
スライド②	人は一度失敗してしまうと、次も失敗するのではないかと不安になったり、それならもうこのことはやめようと投げ出したりすることがあります。それでは、人として成長することはできません。(88字)
スライド③	挑戦することは誰にでもできます。しかし、やってみようという気持ちが生まれないとできません。勇気をもって、くり返し新しい世界に立ち向かうことが必要です。たくましく成長するために挑戦することは大切です。(99字)

(4)	呪文の名前		魔法使い の名前	
(5)	ウ		エ	
	オ		カ	
	キ		ク	

学 校 名	受 検 番 号			

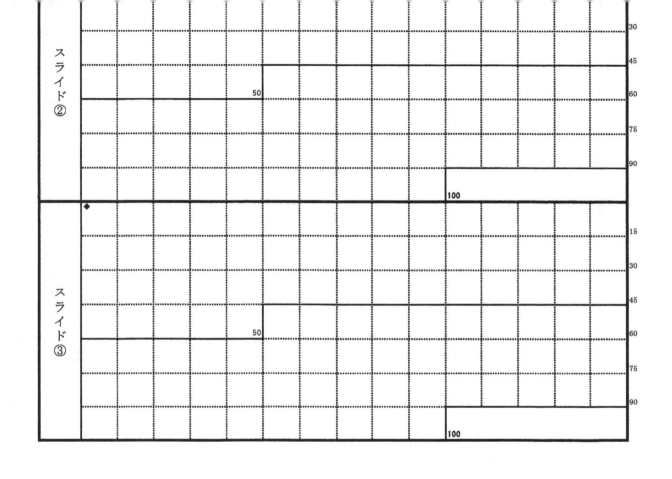

適性検査Ⅱ　解答用紙

2
50点

選択したスライドの
アルファベット

①□ →② □ →③ □

※◆の印から、横書きで書きましょう。途中で行を変えないで、続けて書きましょう。

※「。」や「、」も1字として数えるので、行の最後で右にますがないときは、ますの外に書いたり、ますの中に文字と一緒に書いたりせず、次の行の初めのますに書きましょう。

スライド①

◆

15

30

45

50

60

75

90

令和4年度（2022年度）　市立札幌開成中等教育学校入学者選考

適性検査Ⅱ　解答用紙

※100点満点

1

50点

※◆の印から、横書きで書きましょう。途中で行を変えないで、続けて書きましょう。

※「。」や「、」も1字として数えるので、行の最後で右にますがないときは、ますの外に書いたり、ますの中に文字と一緒に書いたりせず、次の行の初めのますに書きましょう。

◆

15

30

45

60

75

90

105

120

適性検査Ⅰ　解答用紙

2

(1) 5 点
(2) 5 点 × 3
(3) 完答 10 点
(4) 5 点 × 2
(5) 10 点

(1)			
(2)	ア	イ	ウ
(3)	エ	オ	
(4)	カ	キ	
(5)	ク		

令和４年度（2022年度）　市立札幌開成中等教育学校入学者選考

適性検査Ⅰ　解答用紙

※100点満点

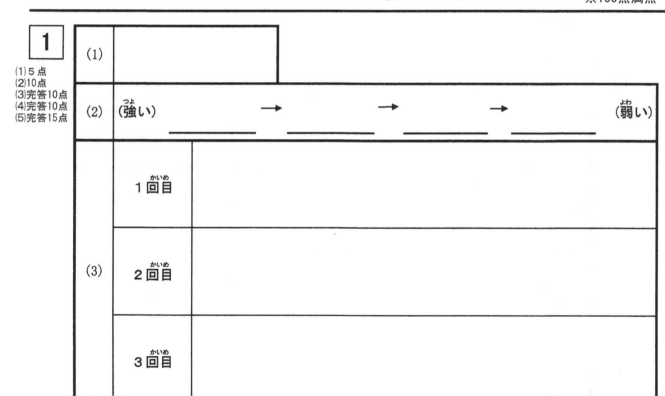

1

(1) 5 点
(2) 10点
(3) 完答10点
(4) 完答10点
(5) 完答15点

(1)		
(2)	(強い) →　　→　　→ (弱い)	
(3)	1 回目	
	2 回目	
	3 回目	

【解答用

問い

　るいさんは次のスライドの候補から３枚選択し、「思いやりの大切さ」について発表する原稿を考えています。あなたがるいさんなら、どのような発表原稿を書きますか。次のスライドの候補から３枚選択し、各スライドにつき50字以上100字以内、かつ、合わせて200字以上300字以内で、＜採点の基準＞を踏まえて、３枚のスライドにつながりのある発表原稿を書きましょう。

スライドの候補

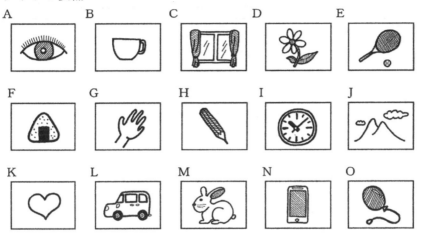

＜採点の基準＞※項目ごとに次の表に示された得点が与えられます。

	30点	20点	10点	5点	0点
スライドの選択と発表原稿の内容	３枚のスライドを選択しており、発表原稿に３枚のスライドのつながりがあり、深い思考が見られる。	３枚のスライドを選択しており、発表原稿に３枚のスライドのつながりがある。	３枚のスライドを選択しているが、発表原稿に３枚のスライドのつながりがない。	３枚のスライドを選択しているが、発表原稿が完成していない。	３枚のスライドを選択していない。

	20点		10点		0点
発表原稿の字数	各スライドも全体も条件どおりである。		各スライドのみ条件どおりである。		各スライドも全体も条件どおりでない。

※下の原稿用紙は下書き用なので、使っても使わなくてもかまいません。解答は、解答用紙に
　書きましょう。

※◆の印から、横書きで書きましょう。途中で行を変えないで、続けて書きましょう。

※「。」や「、」も1字として数えるので、行の最後で右にますがないときは、ますの外に書い
　たり、ますの中に文字と一緒に書いたりせず、次の行の初めのますに書きましょう。

（下書き用）

選択したスライドの アルファベット	① → ② → ③

スライド①

15 / 30 / 45 / 50 / 60 / 75 / 90 / 100

スライド②

15 / 30 / 45 / 50 / 60 / 75 / 90 / 100

スライド③

15
30
45
50
60
75
90
100

これで、適性検査Ⅱの問題は終わりです。

K 教英出版

適性検査Ⅰ

注　意

1　検査監督の先生の合図があるまで、中を開かないでください。

2　検査問題は、1ページから8ページまであります。

3　解答用紙は、表と裏の両面に解答らんがあります。解答は、全て解答用紙に書きましょう。

4　解答時間は、45分間です。

5　机の上の「受検票」をよく見て、解答用紙に、学校名、受検番号をまちがいのないように書きましょう。

問題用紙のあいている場所は、下書きや
計算などに使用してもかまいません。

K 教英出版

まことさんは冬休みに友だち2人を誘い、10時にオープンするかいせいスキー場に来ています。今、3人はオープン前に、スキー場の入口付近で案内図を見ながら会話をしています。

次の文章と会話文をよく読んで、(1)から(5)の問いに答えましょう。

なお、問いに答えるにあたっては、ゴンドラの待ち時間、ゴンドラに乗っている時間、コースでスキーを滑る時間、レストランまでの移動時間以外は考えないこととし、ゴンドラの乗り継ぎに要する時間も考えないこととします。

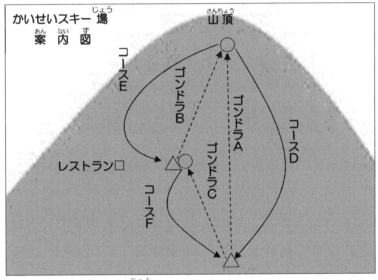

まことさん：このスキー場にはゴンドラとコースがそれぞれ3つずつあるよ。図の中ではゴンドラの乗り場は△で、降り場は○で表されているよ。ゴンドラ1台あたりの定員はAが10人、Bが5人、Cが5人で、所要時間はAが10分間、Bが5分間、Cが5分間だよ。どのゴンドラも1分間に1台のゴンドラが出発しているよ。コースを滑りきるのに必要な時間はDが10分間、Eが10分間、Fが5分間だよ。ゴンドラAでもゴンドラBでも山頂付近に行けるの

で、ゴンドラAからコースEに行ったり、ゴンドラCからゴンドラBを乗り継いでコースDに行ったりすることもできるよ。

かつみさん：オープン前の時間にスキー場についたのに、すでにゴンドラの乗り場にはたくさんの人たちが並んでいるね。

まことさん：道外からの修学旅行生らしいよ。ゴンドラAの乗り場には本州高校の修学旅行生が100人、ゴンドラCの乗り場には九州高校の修学旅行生が100人並んでいるけど、それぞれコースDとコースFしか滑らないらしいよ。今、このスキー場には修学旅行生200人と私たち3人しかいないから、ゴンドラBのオープン後の待ち時間はゼロになるね。

じゅんさん：じゃあ、私たちが、もし今からすぐに修学旅行生の後ろに並ぶとしたら、オープン後から数えてゴンドラAの待ち時間を10分間とすると、ゴンドラCの待ち時間は　ア　の計算になるね。

かつみさん：じゃあ、一番早く滑り始めるには、最初に　イ　に乗ればいいね。

じゅんさん：よし、これ以上お客さんが増えないと仮定して、どんなコースを滑るか計画を立ててみましょう。

まことさん：修学旅行生はオープンと同時にゴンドラに乗り始めるとして考えよう。定員10人のゴンドラAは10台のゴンドラに合計100人まで乗せて動くことができるから、最初に本州高校の生徒全員が乗るまでに10分間待つことになるね。そのままコースDを全員が滑り下りてきたときには並ばずにゴンドラAに乗れるね。でも、定員5人のゴンドラCは5台のゴンドラに合計25人までしか乗せて動くことができず、コースFでは25人までコース上にいることができる計算になるから、最初に九州高校の生徒が全員乗るまでにゴンドラCの乗り場で

ア　　待つことになるね。そのままコースFを滑り降り

てきた後は、どの生徒も　　ウ　　の待ち時間になるはずだ

よ。

じゅんさん：まことさんの計算をもとに、①私は滑っていられる時

間が一番長いルートを考えてみたいな。

かつみさん：②私は全コースを滑るルートを考えたいな。

まことさん：でもね、せっかく来たので、まずは3人とも冬休み明け

のスキーのテストで自分が使うコースだけをそれぞれで

練習しよう。ルートを考えて3人分のメモを作ってみ

るよ。

【まことさんのメモ】

かつみ	じゅん	まこと
テストのコース　D	テストのコース　E	テストのコース　F
使うゴンドラ　　A	使うゴンドラ　　B	使うゴンドラ　　C
	（最初だけA）	

かつみさん：もし、オープンからゴンドラAかゴンドラCの乗り場で

修学旅行生の後ろに並んだとしたらどうなるかなあ。

まことさん：私のメモのとおり滑ると、オープンから2時間後の12時

には、かつみさんは合計　　エ　　滑ってゴンドラAの降り

場にいるね。じゅんさんは合計70分間滑って2時間後に

は　　オ　　にいるね。私は合計25分間滑って　　カ　　にいる

ことになるよ。

じゅんさん：まことさんは自分がゴンドラに乗ることで、混み具合が変

わることまで計算してるんだね。すごいね。

かつみさん：じゃあ、まことさんの計画どおりに滑ってみて、実際にど

のようになるか確かめようよ。12時になったらできるだ

け早く、レストランに集合しましょう。計算では、たど

り着く順番は、1番目は　　キ　　、2番目は　　ク　　、3番

目は　　ケ　　になるね。

(1) <u>ア</u>～<u>エ</u>に当てはまる時間かゴンドラ名を書きましょう。

(2) <u>オ</u>、<u>カ</u>に当てはまる場所を書きましょう。

(3) <u>キ</u>～<u>ケ</u>に当てはまる名前を書きましょう。

   なお、コースEの終着点からレストランまで、ゴンドラCの降り場からレストランまでの移動時間はいずれも5分間とします。

(4) <u>下線部①</u>について、オープンの時間からちょうど60分間で、滑っていられる時間が一番長くなるルートを考え、例にならってルートの順番をアルファベットで書きましょう。

   なお、最初はゴンドラAかゴンドラCの乗り場で修学旅行生の後ろに並ぶこととします。

> 例： ゴンドラ○、コース○、ゴンドラ○・・・のルートの順番
> は、○→○→○→・・・・（○はアルファベット）の形で書
> きましょう。
> なお、解答には同じ記号を何度用いてもかまいません。

(5) <u>下線部②</u>について、各コースを一度ずつ滑って、オープンからちょうど70分間で滑り終えるルートを考え、(4)の例にならってルートの順番をアルファベットで書きましょう。

   なお、最初はゴンドラCの乗り場で修学旅行生の後ろに並ぶこととします。

2

次の図や説明文をもとに、(1)から(5)の問いに答えましょう。

図1

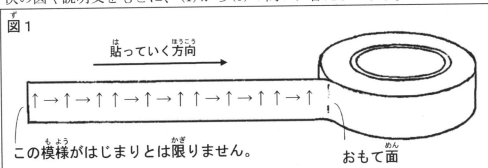

貼っていく方向

↑ → ↑ → ↑ ↑ → ↑ → ↑ ↑ → ↑ → ↑ ↑ → ↑

この模様がはじまりとは限りません。

おもて面

上の図1のような連続する模様が規則正しく印刷されたテープがあります。

ただし、模様はうら面からも見ることができます。

図2

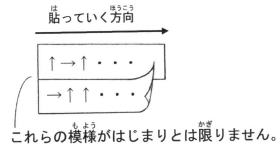

貼っていく方向

↑ → ↑ ・・・
→ ↑ ↑ ・・・

これらの模様がはじまりとは限りません。

このテープを図2のとおり、左から右へ板に貼っていきます。テープはある長さで切り、上の段から順にすき間なく重ならないように貼ります。このとき、テープは切ったところからすぐに使い続け、上の段と同じ長さで貼っていきます。

(1) 図1のテープを図2にならって貼ると、次の①～③の図のようになりました。

☐ に入る模様を解答らんにそれぞれ書きましょう。

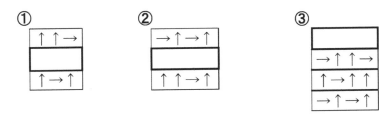

① ↑ ↑ →
  ↑ → ↑

② → ↑ → ↑
  ↑ ↑ → ↑

③
  → ↑ ↑ →
  ↑ → ↑ ↑
  → ↑ → ↑

- 5 -

(2) 図1のテープを図2にならって、次の④と⑤の図のように貼ったとき、□で囲んだ部分の模様を解答らんにそれぞれ書きましょう。

④   ⑤

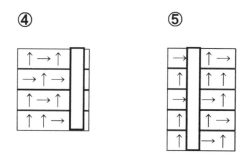

(3) 図1のテープを、透明なガラス板に外側から図2にならって貼りました。それを下の図のようにガラス板の内側から見たとき、□に入る模様を解答らんに書きましょう。

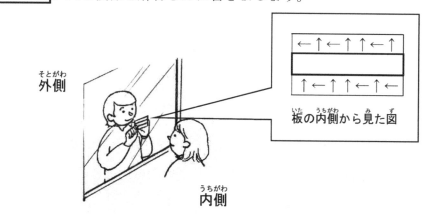

外側

内側

板の内側から見た図

(4) 図1のテープを、次に説明するとおり5段目まで薄い板に貼りました。板のおもて面から見た図の□で囲んだ部分の模様を解答らんに書きましょう。テープの切れ目は示していませんので、それぞれの段において、どこから貼りはじめるかは、板のおもて面から見た図をよく見て考えてください。

なお、板の厚さは考えず、板は透きとおらないこととします。

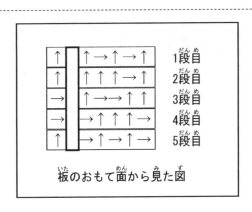

説明

・左から右へ、薄い板を一周するように貼っていきます。

・上の段から順にすき間なく、重ならないように貼っていきます。

・テープは切ったところからすぐに使い続けます。

・次の段の貼りはじめは、上の段の貼りはじめより右にずらします。

↑	↑ → ↑ → ↑	1段目
↑	↑ ↑ ↑ → ↑	2段目
→	↑ → → ↑ ↑	3段目
→	→ ↑ ↑ ↑ →	4段目
↑	→ ↑ → ↑ →	5段目

板のおもて面から見た図

(5) 図３のような模様が規則正しく印刷された別のテープがあります。

図３

貼っていく方向

　このテープを下の図のように、外側から渦巻き状にすき間なく重ならないように板に貼っていきます。テープは切ったところからすぐに使い続けます。すべて貼ったとき、■■■■に入る模様を解答らんに書きましょう。

　なお、下の図の矢印の向きは、テープを貼っていく方向を表しています。

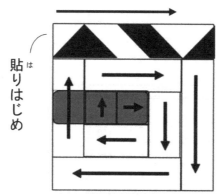

貼りはじめ

これで、適性検査Ⅰの問題は終わりです。

令和３年度（2021年度）市立札幌開成中等教育学校入学者選考
適性検査 I

適性検査Ⅱ

注　意

1　検査監督の先生の合図があるまで、中を開かないでください。

2　検査問題は、１ページから９ページまであります。

3　解答用紙は、表と裏の両面に解答らんがあります。解答は、全て解答用紙に書きましょう。

4　解答時間は、45分間です。

5　机の上の「受検票」をよく見て、解答用紙に、学校名、受検番号をまちがいのないように書きましょう。

問題用紙のあいている場所は、下書きや
計算などに使用してもかまいません。

1

次の文章と会話文をよく読んで、(1)と(2)の問いに答えましょう。

　はるかさん、けいたさん、まさみさんの3人は、夏休みに、はるかさんのおじいさんが経営しているお店の手伝いをすることになりました。あとに続く会話文は、お店の倉庫にある商品や古い道具やものの整理・整とんを手伝っているときのやりとりです。

まさみさん：はるかさんのおじいさんのお店には食品や日用品、電気製品など、色々なものが売っているんだね。あれ、これは何だろう。見たことのないものがあるよ。

けいたさん：それは昔の洗濯機じゃないかな。ふたが2つついているね。これは、えーと、洗濯するところと脱水するところが分けられているのかなあ。面倒な感じだね。今の洗濯機は全自動だから便利だなあ。

はるかさん：あ、これはスーパーのレジだ。これも今とは違うよ。電卓みたいに1つ1つの品物の金額を打ち込んで使うみたいだね。

けいたさん：今は、バーコードを読み取る道具を使って金額を表示しているね。読み取りが完了したという合図にピッという音が鳴っているよね。

はるかさん：1つ1つの金額を打ち込むより早いよね。
　　　　　　この前、かごを置いただけで合計金額が表示されたお店があってびっくりしたよ。

まさみさん：それはすごい進化だね。会計を待つ時間がすごく短くなるよね。

はるかさん：けいたさん、まさみさん、私からクイズを出します。右の電子レンジと左の電子レンジはどちらが新しいでしょう。

まさみさん：右のほう。

はるかさん：残念でした。実は、左のほうが新しいんです。

- 1 -

まさみさん：本当なの。ボタンがたくさんあって便利そうに見えるけど。

はるかさん：確かに右のほうはボタンがたくさんあって、機能は左のほうより多いね。

まさみさん：新しいのに機能は少ないってことあるのかな。

けいたさん：そういえば、私の家で電子レンジを買いに行ったとき、お母さんが、操作ボタンがたくさんあるのは分かりにくいって言っていたことがあったよ。

まさみさん：そうか。機能が多いと使いやすいとは限らないってことだね。

けいたさん：それと、左の電子レンジは、色や形が昔なつかしい感じに作られているよね。まさみさんが間違えたのは私も分かるよ。

はるかさん：私ならおしゃれな感じがするから、買うなら左の電子レンジかな。

けいたさん：買うかどうかの決め手は、機能だけではないということなんだね。道具やものは、目的に応じた工夫をして進化しているということだね。

まさみさん：じゃあ、私からもクイズを出します。あっちの古いほうの電気ポットは、上のボタンを押しただけでお湯が出るけど、こっちの新しいほうの電気ポットは、この解除ボタンを押してからお湯のボタンを押す仕組みになっているよ。何故だと思う。

はるかさん：それはやけどをしないためだよね。もしも幼い子どもが間違えて押したら危ないよね。

まさみさん：正解です。わざわざ面倒にしているんだよ。

けいたさん：あ、同じようなことが、学校の非常ボタンにも言えるよ。担任の先生が、以前の非常ボタンは強い力でそのまま押すとすぐに鳴る仕組みだったと言っていたよ。今のボタンは上にカバーが付いているよね。

はるかさん：私たちが間違えて触ってしまったときのことを考えているんだね。

けいたさん：では、私からのクイズです。この白い時計に比べて黒い時計にはどんな工夫がされているでしょう。

はるかさん：どれどれ。２つとも同じ時計に見えるけど。あっ、黒い時計にはソーラーパネルが付いている。

まさみさん：ソーラーパネルって、光で充電できる機能だね。腕時計にも同じ工夫をしているものがあるね。そうか、光で充電できたら、電池を替えたり、電気を使って充電したりしなくていいから、エネルギーを大切にするための工夫といえるね。

けいたさん：それに光があれば使えるから、災害時など停電している時にでも使用するための工夫ともいえるね。

はるかさん：そういえば低学年の時、台風で地域の施設に避難したことがあったけど、光で充電できる道具はありがたかったなあ。

けいたさん：道具やものの工夫を、夏休みの自由研究にしてみようかな。

(1)　３人の会話を参考にして、道具やものに加える具体的な工夫とそのときの目的について、次に示す例にならって、他の人に伝わるような文で５つ書きましょう。なお、会話文の内容と同じ道具やもののことを書いても、あなたが思いついたことを書いてもかまいません。

例

道具やもの	工夫	目的
コーヒーカップ	素材をクッキー生地にする。	コーヒーを飲んだ後に食べられるので、紙などのゴミを減らす。

(2)　けいたさんは、夏休みの自由研究として、「道具やものの工夫と進化」について探究することにし、お店の倉庫にあったものを参考に候補となる＜道具やものの一覧＞を作成しました。けいたさんは、この中から道具やものを２つ選び、＜探究テーマとその取組＞を書きました。

あなたが「道具やものの工夫と進化」について探究するとしたらどのように書きますか。けいたさんの文を参考にして、取り組んでみたいテーマとその取組を考えて書きましょう。

なお、次の＜条件＞に従って書きましょう。また、(2)の問いの解答は、＜採点の基準＞に従って採点されますので、＜採点の基準＞もよく読んでから答えましょう。

<条件>

ア　150字以上、200字以内で書いてください。「。」や「、」も１字として数えます。

イ　<道具やものの一覧>から必ず２つ取り上げてください。

ウ　条件イで選んだ２つの道具やものから考えた探究テーマを書いてください。

エ　その探究テーマについての取組を書いてください。

オ　条件エに従って書いた取組について、さらに発展的な探究活動につながるような新たな視点を書いてください。

<道具やものの一覧>

ばねばかり	電子ばかり	買い物用カート
流し台	ペン	電球
トイレットペーパー	はさみ	牛乳パック
パソコン	缶詰の缶	缶切り

学 校 名		受 検 番 号			

(4)

(5)

(2)

													45
													60
													75
													90
													105
													120
													135
													150
													165
													180
													195
													200

学　校　名

受　検　番　号

(2)

100

45
60
75
90
105
120
135
150

適性検査Ⅱ　解答用紙

2			
(1)20点 (2)30点	(1)	賛成意見	
		反対意見	

※◆の印から、横書きで書きましょう。途中で行を変えないで、続けて書きましょう。

※「。」や「、」も1字として数えるので、行の最後で右にますがないときは、ますの外に書いたり、ますの中に文字と一緒に書いたりせず、次の行の初めのますに書きましょう。

◆

令和３年度（2021年度）　市立札幌開成中等教育学校入学者選考

適性検査Ⅱ　解答用紙

※100点満点

1		道具やもの	工夫	目的
(1)4点×5 (2)30点	(1)			

※◆の印から、横書きで書きましょう。途中で行を変えないで、続けて書きましょう。

※「。」や「、」も1字として数えるので、行の最後で右にますがないときは、ますの外に書いたり、ますの中に文字と一緒に書いたりせず、次の行の初めのますに書きましょう。

◆

15

令和３年度（2021年度）　市立札幌開成中等教育学校入学者選考

適性検査 I　解答用紙

2

(1) 5 点 × 3
(2) 5 点 × 2
(3) 5 点
(4) 10 点
(5) 10 点

(1)	①	②	③

(2)	④	⑤

適性検査Ⅰ　解答用紙

※100点満点

1

(1) 5点×4
(2) 5点×2
(3)完答5点
(4)完答5点
(5)完答10点

		ア	イ	ウ	エ
(1)		分間	ゴンドラ	分間	分間

	オ	カ
(2)		

	キ	ク	ケ
(3)	さん	さん	さん

(4)	

(5)	

<けいたさんの探究テーマとその取組>

私は、ばねばかりと電子ばかりを選びました。探究テーマは「より正確に重さを測るための道具の進化について」です。ばねばかりで測ると同じ重さのものであっても、電子ばかりではそれらの重さにわずかな違いがあるかどうかを調べ、「測る道具」の進化について探究したいです。さらに、「測る道具」の進化を長さや高さを測る道具についても調査し、重さを測る道具と同様の進化があったかどうかについて探究したいです。（194字）

<採点の基準>※項目ごとに次の表に示された得点が与えられます。

字数	5点		0点	
	条件どおりである。		条件どおりでない。	
	25点	**20点**	**10点**	**0点**
あなたが考えた探究テーマとその取組	選んだ2つの道具やものとそれらの道具やものに関連性のある探究テーマが書かれており、その探究テーマについての取組が書かれている。さらに発展的な探究活動につながるような新たな視点が書かれている。	選んだ2つの道具やものとそれらの道具やものに関連性のある探究テーマが書かれており、その探究テーマについての取組が書かれている。	選んだ2つの道具やものとそれらの道具やものに関連性のある探究テーマが書かれている。	選んだ2つの道具やものとそれらの道具やものに関連性のある探究テーマが書かれていない。

※下の原稿用紙は下書き用なので、使っても使わなくてもかまいません。解答は、解答用紙に書きましょう。

※◆の印から、横書きで書きましょう。途中で行を変えないで、続けて書きましょう。

※「。」や「、」も1字として数えるので、行の最後で右にますがないときは、ますの外に書いたり、ますの中に文字と一緒に書いたりせず、次の行の初めのますに書きましょう。

（下書き用）

◆											15
											30
											45
											60
											75
											90
											105
											120
											135
											150
											165
											180
											195
											200

2

次の文章をよく読んで、(1)と(2)の問いに答えましょう。なお、この問題の解答は、<採点の基準>に従って採点されますので、<採点の基準>もよく読んでから答えましょう。

あきらさんの学校で、手洗い場の床が毎日水でぬれていることが問題になり、委員会で話し合うことになりました。委員会の中では、ハンカチを学校に持ってこない人が多いことが原因ではないかという意見が多く出されました。その対策として、児童会の予算を使って手をふくための使い捨ての紙タオルを買い、手洗い場に置いてはどうかという提案が出されました。その提案に対して、賛成意見と反対意見の両方が出されました。

(1) 手洗い場に紙タオルを置いてはどうかという提案について、賛成意見の人と反対意見の人は、それぞれどのような理由で意見を述べていると考えられますか。あなたがそれぞれの立場に立って考えた理由を<u>2つずつ</u>書きましょう。

<採点の基準>

	10点	5点	0点
賛成意見	賛成意見として筋がとおっている2つの異なる理由が書かれている。	賛成意見として筋がとおっている理由が1つ書かれている。	賛成意見として筋がとおっている理由が1つも書かれていない。
	10点	5点	0点
反対意見	反対意見として筋がとおっている2つの異なる理由が書かれている。	反対意見として筋がとおっている理由が1つ書かれている。	反対意見として筋がとおっている理由が1つも書かれていない。

(2) 手洗い場に紙タオルを置いてはどうかという提案について、多数決をとってみたところ、賛成と反対は全くの同数でした。

あきらさんは、自分の意見に反対する人を納得させる具体的な方法を加えて、自分の意見を提案しようとしています。あなたがあきらさんだったら、どのような意見を提案しますか。

次の＜条件＞に従って書きましょう。

＜条件＞

ア　100字以上、150字以内で書いてください。「。」や「、」も1字として数えます。

イ　紙タオルを置くか置かないかについて、あなた自身の立場を筋のとおった理由とともに明らかにしてください。

ウ　あなたの意見に反対する人を納得させようとする具体的な方法を筋のとおった理由とともに提案してください。

＜採点の基準＞※項目ごとに次の表に示された得点が与えられます。

	10点	0点	
字　数	条件どおりである。	条件どおりでない。	

	10点	5点	0点
あなたの立場	あなたの立場が筋のとおった理由とともに書かれている。	あなたの立場は書かれているが、筋のとおった理由が書かれていない。	あなたの立場が書かれていない。

	10点	5点	0点
あなたの意見に反対する人を納得させようとする方法	あなたの意見に反対する人を納得させようとする具体的な方法を提案しており、筋のとおった理由も示されている。	あなたの意見に反対する人を納得させようとする具体的な方法を提案しているが、筋のとおった理由が示されていない。	あなたの意見に反対する人を納得させようとする具体的な方法を提案していない。

※下の原稿用紙は下書き用なので、使っても使わなくてもかまいません。解答は、解答用紙に
　書きましょう。

※◆の印から、横書きで書きましょう。途中で行を変えないで、続けて書きましょう。

※「。」や「、」も1字として数えるので、行の最後で右にますがないときは、ますの外に書い
　たり、ますの中に文字と一緒に書いたりせず、次の行の初めのますに書きましょう。

（下書き用）

◆													

これで、適性検査Ⅱの問題は終わりです。

令和３年度（2021年度）市立札幌開成中等教育学校入学者選考
適性検査Ⅱ

適性検査 I

問題用紙のあいている場所は、下書きや計算などに使用してもかまいません。

1

かずきさん、あいこさん、こうきさんの3人は、カードを使ってマスを進んでいくゲームを行いました。

ゲームの説明書とゲーム中の会話文をよく読んで、(1)から(5)の問いに答えましょう。

＜ゲームの説明書＞

ア　ゲームの手順

①3枚のカードにそれぞれ1、2、3と書いて、カードを裏返しにして、よく混ぜます。

②1人1枚ずつカードを引きます。

③選んだカードに書いてある数字の分だけ3人同時にマスを進みます。

④誰かがゴールするまで①から③を繰り返し、ゴールしたときに「ゴール」と言います。

イ　ゲームのルール

・カードを引いて進んだマスの指示には必ず従います。ただし、そのマスの指示で進んだ場合、進んだ先のマスにある指示は無視します。

・複数の人が同時にゴールすることもあります。

・ゴールのマスを通りすぎた場合もゴールとなります。

あいこさん：まず、練習コースでゲームの練習をしてみましょう。

練習コース

A	B	C	D	E
スタート	3マス進む	2マス進む		ゴール

かずきさん：では最初にカードを私が混ぜますね。（カードを混ぜる。）

こうきさん：カードを引きましょう。

（3人ともカードを引き、自分の進んだマスを確認する。）

こうきさん：ゴール！！

あいこさん：私もゴール！！

かずきさん：私はゴールできませんでした。

こうきさん：なるほど、この練習コースは　　ア　　のカードを引いた人

　　　　　　だけがゴールできないコースですね。

あいこさん：では、本番コースに挑戦しましょう。

本番コース

A	B	C	D	E	F	G	H	ゴール
スタート	2マス進む	1マス進む	3マス進む		3マス進む			ゴール

あいこさん：では今度は私が混ぜますね。

（カードを混ぜて並べ、3人ともカードを引き、自分の進んだマスを
確認する。）

かずきさん：私は次に2か3のカードを引いたらゴールです。

あいこさん：私は　　イ　　のマスだから、ゴールは遠いですね。

こうきさん：私も　　イ　　のマスにいますが、私たちも次のカード次第

　　　　　　ではゴールできるかもしれませんよ。

あいこさん：次はこうきさんにカードを混ぜてもらっていいですか。

こうきさん：いいですよ。

（カードを混ぜて並べ、3人ともカードを引き、自分の進んだマスを
確認する。）

かずきさん：ゴール！！

あいこさん：ゴール！！

こうきさん：私はゴールできませんでした。

あいこさん：①2人同時にゴールしましたね。

- 2 -

かずきさん：もう1回この本番コースでゲームをやりましょう。

あいこさん：次は、説明書にある3枚のカードに新たなカードを1枚
加えて、新たなやり方で挑戦しましょう。

こうきさん：おもしろそうですね。

かずきさん：どんなカードを加えたらいいと思いますか。

こうきさん：「1マス戻るカード」なんてどうでしょう。

あいこさん：いいですね。1マス戻るカードをMとしましょう。それ
ではカードは1、2、3とMの4枚にして、もう一度ゲ
ームを行いましょう。

かずきさん：Mのカードを引いて1マス戻った場合でも、ゲームのル
ールには従いましょう。それから、Aのマスにいるとき
にMのカードを引いた場合は動かないことにしましょう。

あいこさん：わかりました。

こうきさん：わかりました。

かずきさん：それでは、はじめましょう。最初にカードを私が混ぜま
すね。

（カードを混ぜて並べ、3人ともカードを引き、自分の進んだマスを
確認する。）

あいこさん：私のカードは1でした。誰も引かなかったカードは3の
カードでしたね。

こうきさん：2回目は私が混ぜますね。

（カードを混ぜて並べ、3人ともカードを引き、自分の進んだマスを
確認する。）

こうきさん：2回目では誰もゴールしなかったですね。

かずきさん：私は1回目はM、2回目は2のカードを引きました。

あいこさん：②Gのマスにいる私が2回目が終わった時点でゴールに
1番近いのは、2回目で3のカードを引いたおかげです。

こうきさん：私はCのマスの指示に一度だけ従いました。それでは
3回目を行いましょう。次で誰かゴールしそうですね。

－3－

（カードを混ぜて並べ、3人ともカードを引き、自分の進んだマスを確認する。）

3人一緒に：ゴール！！

あいこさん：③3人一緒にゴールできましたね！！ちなみに3回目で余ったカードは3でしたね。

かずきさん：おもしろい結果になりましたね。次はどんなゲームをしましょうか。

(1) アに当てはまる数字を書きましょう。

(2) イに当てはまるアルファベットを書きましょう。

(3) 下線部①のとき、3人が2回目に引いたカードの数字を書きましょう。

(4) 以下の説明文は、下線部②のとおり、あいこさんがゴールに1番近い理由を会話文の内容をもとに説明した文章です。

ウ、エに当てはまる数字またはアルファベットを書きましょう。

説明文

　かずきさんは1回目が終わった時点でAのマスに、2回目が終わった時点でDのマスにいるので、あいこさんには追いつけません。

　こうきさんは1回目でウのカードを引いてDのマスにいて、2回目はゴールしなかったのでエのカードを引いていません。したがって、こうきさんはエ及びあいこさんが引いた3以外のカードを2回目で引いたので、あいこさんに追いつけません。

　以上のことから、2人ともあいこさんよりゴールの近くにはいないことが分かります。

---

(5) 下線部③のとき、3人が3回目に引いたカードの数字またはアルファベットを書きましょう。

- 4 -

次の文章や会話文、図をもとに、(1)から(6)の問いに答えましょう。ただし、解答を考える際に、消しゴムなどの道具をサイコロとして使用することを禁止します。

みずきさんたちは、サイコロの目の数やマスの場所について考える問題1から問題5を解いています。サイコロは、1から6までの目の6面すべてがスタンプになっていて、進んだマスに目のスタンプが押されるようになっています。

なお、問題を解くにあたっては次に示すいくつかの条件があります。

条件・全ての問題は最初のマスに ● (1の目)のスタンプが押されたところから始まる。

・サイコロは図に示されたマス以外の場所や一度スタンプが押されたマスには進めない。

・サイコロの向かい合う面の目の数の合計は7になる。

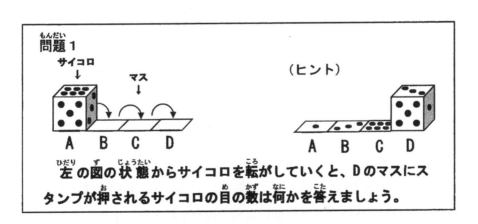

問題1

サイコロ　　　マス　　　　　　　（ヒント）

A B C D　　　　　　　　　　A B C D

左の図の状態からサイコロを転がしていくと、Dのマスにスタンプが押されるサイコロの目の数は何かを答えましょう。

みずきさん：問題1の左の図のサイコロを右に3回転がしたあとの状況を示しているのが右の図のヒントだね。

ひかるさん：つまり、問題1では、「Dのマスには ⚃ (4の目)のスタンプが押されるので正解は4」ということだね。

あおいさん：このようにサイコロが進んでいくと、スタンプが押されるサイコロの目の数と順序は「1→3→6→4」と数字と矢印で表すことができるね。

みずきさん：サイコロが転がっていく様子をすべて頭の中で考えるのは難しいなあ。

あおいさん：そういう時は、次のメモのように、マスの中に、今スタンプが押されている数字のほかにも、隣の数字を書いていくと、次にスタンプが押されるサイコロの目の数が予想しやすいよ。

【あおいさんのメモ】

	2				2				2				2	
4	1	3		1	3	6		3	6	4		6	4	1
	5				5				5				5	

A　　　　　　　B　　　　　　　C　　　　　　　D

ひかるさん：さすが、あおいさん。そのやり方ならどちらに転がっても次の目の数が予想しやすいね。

問題2

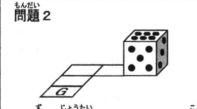

図の状態からサイコロを転がしていくと、Gのマスにスタンプが押されるサイコロの目の数は何かを答えましょう。

みずきさん：問題2では、このままマスにそって転がしていけば、目の数と順序は「1→4→6→5」となり、最後のGのマスのスタンプが押される目の数は「　ア　」になるね。

問題3

図の状況から転がして、スタンプが押される目の数と順序が「1→4→5→3→2」のとき、 （3の目）のスタンプが押されたマスのひらがなは何かを答えましょう。

ひかるさん：問題3は、正解は「 イ 」だよね。

あおいさん：うん。答えはそれで合っていると思うけど、この問題は少しおかしいよ。

みずきさん：たしかに、正解は出せるけれど、条件をよく読むと、スタンプが押されることが不可能な目の数があるね。

ひかるさん：なるほど。きっと、これは問題の作成ミスだね。

問題4

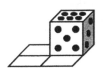　　　

左の図と右の図について、同じマスを通らずにすべてのマスにスタンプを押すことのできるサイコロの目の数と順序を答えましょう。

あおいさん：問題4の左の図では、正解は「1 → 4 → 5 → 1」と「1→ ウ → エ → オ 」の2通りあるね。

みずきさん：問題4の右の図の正解は3通りあるね。その中でも、押されたスタンプの目の数の合計が一番大きくなる順序を考えると、目の数の合計は「 カ 」だね。

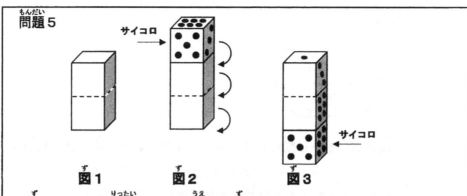

問題5

図1のような立体のマスの上に、図2のようにサイコロがあるとします。もし、矢印のようにサイコロを立体面に沿って転がすことができるとすると、図3のようにスタンプが押されます。

スタンプを押すことが可能なマスが10か所ある図1の立体面のマスの全てにスタンプを押す場合、サイコロの目の数と順序を答えましょう。

みずきさん：問題5は、正解がたくさんあるね。わたしは「1→5→3
→2→4→6→5→1→2→3」という順序にしてみたよ。

ひかるさん：わたしは「1→3→6→4→1→3→2→1→5→6」
という順序を考えてみたよ。

あおいさん：わたしの考えた順序は「1→2→6→5→3→1→4→
2→1→5」だよ。

(1) ア に当てはまる数字を書きましょう。

(2) イ に当てはまるひらがなを書きましょう。

(3) みずきさんが下線部のように述べた理由をスタンプが押されない目の数に触れながら、説明しましょう。

(4) ウ 、 エ 、 オ に当てはまる数字を書きましょう。

(5) カ に当てはまる合計の数を書きましょう。

(6) 問題5は3人がそれぞれ解答していますが、1人だけ間違っている人がいます。間違っている人の名前を書き、間違っている理由を具体的に書きましょう。その際、解答用紙の図を用いながら書いても構いません。

— 8 —

2020(R2) 札幌開成中等教育学校　Ⅰ

K教英出版

これで、適性検査Ⅰの問題は終わりです。

令和２年度　市立札幌開成中等教育学校入学者選考
適性検査Ⅰ

適性検査Ⅱ

注　意

1　試験監督の先生の合図があるまで、中を開かないでください。

2　検査問題は、１ページから８ページまであります。

3　解答用紙は、表と裏の両面に解答らんがあります。解答は、全て解答用紙に書きましょう。

4　解答時間は、45分間です。

5　机の上の「受検票」をよく見て、解答用紙に、学校名、男女、受検番号をまちがいのないように書きましょう。

問題用紙のあいている場所は、下書きや
計算などに使用してもかまいません。

K 教英出版

　はるかさん、ちはるさん、まさみさんの3人は、夏休みの自由研究で、かいせい市役所を訪問し、スポーツに関する会話をしています。次の会話文をよく読んで、(1)から(3)の問いに答えましょう。

はるかさん：かいせい市民は、どのくらいの人たちがスポーツをしているのですか。

市役所の方：かいせい市の調査では、40%の人たちがスポーツを日常的に行っています。今後は、もっとスポーツをする人たちを増やしていきたいと思います。

ちはるさん：どうしてですか。

市役所の方：スポーツをすると、「よいこと」がたくさんあるからです。

ちはるさん：でも、私はスポーツをするのが苦手です。

市役所の方：スポーツの良さは「する」ことだけではありません。他にもスポーツに親しむ方法があります。

ちはるさん：どんな方法ですか。

市役所の方：たとえば、　　　　　などです。

ちはるさん：なるほど。それなら、スポーツをするのが苦手でもできそうです。

市役所の方：ここ、かいせい市は、スキー場や野球場などのスポーツ施設があるので、利用する人がもっと増えてほしいですね。

まさみさん：ところで、家族でスキーに行ったとき、私の両親が「昔はスキー場がもっと多くの人でにぎわっていた。」と言っていました。ウィンタースポーツに親しむ人は減っているのですか。

市役所の方：スキー以外にもウィンタースポーツは広まっています。しかし、かいせい市には、スキー場しかありませんので、かいせい市でウィンタースポーツに親しむ人は、最も多かった時とくらべて半分くらいになっています。

はるかさん：でも、外国人の方のスキー観光客は増えているのですよね。

市役所の方：そうですね。ここ数年ですごく増えていますよ。このあたりの雪質の素晴らしいことが、海外の方に広まっていて、たくさんの外国人の方がスキー場を訪れています。

ちはるさん：それはすごいですね。

市役所の方：スポーツを見に行くための旅行や、旅行先での観光、スポーツを支える人々との交流など、スポーツに関わる様々な旅行のことを「スポーツツーリズム」と言います。かいせい市では、このスポーツツーリズムが盛んになるように取り組む必要があると考えています。

まさみさん：夏のスポーツだけでなく、冬のスポーツでも本州や外国の方が来てくれているのですね。うれしいですね。

市役所の方：そうですね、観光客の方へのアンケート調査によると、かいせい市は、自然環境の豊かさや温泉施設が充実していることなどから、旅行に満足したとの回答をたくさんいただきました。しかし、課題としては、日本語が分からなくて困ったという意見や、看板などの案内や表示が分かりにくかったという意見などがありました。せっかく遠いところから来てくれている外国人の方に、より満足して帰ってもらうため、課題を改善して、より楽しんでもらえるよう、いろいろな工夫をしていくことが必要だと考えています。

(1) 会話文中の<u>下線部</u>について、あなたなら、スポーツをするとどのようなよいことがあると考えますか。4つ書きましょう。

(2) 会話文中の空欄□について、スポーツをすること以外に、スポーツに親しむ方法には、どのような方法があると考えますか。具体的な競技の名前を例にあげながら、方法を2つ書きましょう。

(3) かいせい市が「スポーツツーリズム」に取り組むことになった場合、あなたならどのような取組を提案しますか。市役所の方の話をもとに、あなたの考えを、目的（・・・・のために）と具体的な取組内容（・・・・をする）に分けて、4つ書きましょう。
　　ただし、目的の部分には、同じ意味のことが重ならないようにしましょう。

2

次の文章をよく読んで、(1)から(3)の問いに答えましょう。

　　小学校6年生のゆうきさんは、北海道のスマイル町に住んでいます。スマイル町は農産物の生産が盛んで、その中でも、じゃがいもが特産品です。スマイル町の役場では、このじゃがいもを、スマイル町以外の人たちにもっと宣伝したいと考えています。そこで、秋のじゃがいもの収穫時期に合わせて、町の施設と農地を活用したイベントを企画しました。スマイル町で初のイベントとなる、「第1回未来へつながるスマイル町〜ほくほく祭り」です。このイベントには、役場の職員をはじめ、農家や地域の商店の人たち、ボランティアの人たちなどが、準備から当日の運営までを行いました。

　　ゆうきさんも、ボランティアとして参加することとし、ゆうきさんを含めて10人がボランティアとして参加しました。

　　イベント当日の運営内容と担当者は次のページの通りでした。

2020(R2) 札幌開成中等教育学校　Ⅱ
K教英出版

学　校　名	男　女	受　検　番　号

(6)

(3)

学 校 名	男 女	受 検 番 号

(3)

|15
|30
|45
|60
|75
|90
|105
|120

令和2年度　市立札幌開成中等教育学校入学者選考

適性検査Ⅱ　解答用紙

2		

(1)5点×3
(2)5点×3
(3)20点
(3)の採点基準
・90字以上120字以内でなければ得点を与えない。
・後半部分と意味がつながっているが，表現が不十分な場合は10点を減じる。
・イベントのねらいや，イベント終了後のボランティアの振返りをもとに記入されている場合に得点を与える。

(1)

①

②

③

(2)

付せんの番号	改善するためのアイデア

選んだ提案	

※◆の印から、横書きで書きましょう。途中で行を変えないで、続けて書きましょう。

※「。」や「、」も1字として数えるので、行の最後で右にますがないときは、ますの外に書いたり、ま

適性検査Ⅱ　解答用紙

※100点満点

1

(1)5点×4
(2)5点×2
(3)5点×4

(1)

(2)

目　的	取組内容
もくてき	とりくみないよう

【解答

令和２年度　市立札幌開成中等教育学校入学者選考
適性検査Ｉ　解答用紙

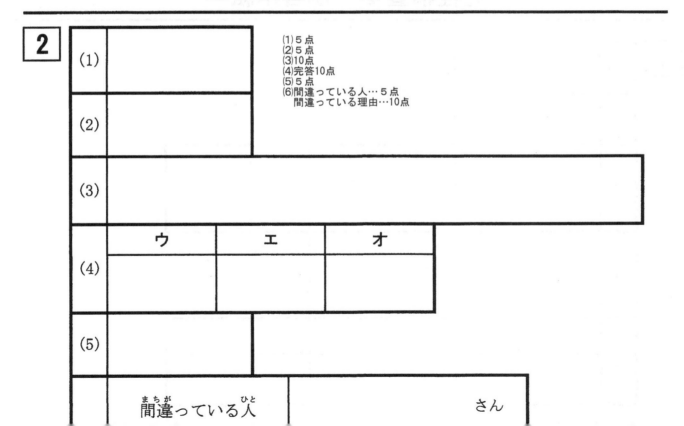

2

(1)

(2)

(3)

(4)

ウ	エ	オ

(5)

間違っている人　　　　　　　　さん

令和2年度　市立札幌開成中等教育学校入学者選考

適性検査 I　解答用紙

※100点満点

1				
(1)				
(2)				
(3)	かずきさん	あいこさん	こうきさん	
(4)	ウ	エ		
(5)	かずきさん	あいこさん	こうきさん	

(1) 5点
(2) 5点
(3) 5点×3
(4) 5点×2
(5) 5点×3

【イベント当日の運営内容と担当者】

じゃがいもやその他の野菜販売コーナー

- じゃがいもの種類の説明・宣伝（役場の職員、ボランティア）
- じゃがいもや、その他の野菜の販売（商店や農家の人）

5つの品種のじゃがいも　食べ比べコーナー

- 食べ比べ用の商品の調理・販売（商店や農家の人）
- 食事スペースの案内や後片付け、ゴミの整理など（ボランティア）

袋詰め放題！じゃがいも掘り体験コーナー

- 参加受付・道具の貸し出し（役場の職員、ボランティア）
- 安全確認、じゃがいも掘り体験の補助（役場の職員、農家の人）

町内で作ったリサイクル品販売コーナー

- 食用油から作った石けんの販売（役場の職員、商店の人）
- 牛乳パックで作った紙製品の販売（役場の職員、ボランティア）

本部

- 迷子などのトラブルやトイレ案内などの対応（役場の職員）
- 駐車場や自転車置き場などの案内と整理（役場の職員）
- 会場の各コーナーの宣伝など（役場の職員、ボランティア）

イベント終了後、ゆうきさんたちボランティアが集まって、イベントの中で気付いたことを付せんに書いて出し合い、来年のイベントに向けて、どのような工夫ができるかを整理して、役場の職員に伝えようと考えました。

【ゆうきさんたちボランティアが気付いたことを書いた付せん】

1 スマイル町からの参加が多く、町外からの参加がとても少なかった。	2 調理後に捨てなければならない油がたくさん出た。	3 自転車置き場がいっぱいで、自転車が歩道にはみ出していた。
4 具合の悪そうなお年寄りに声をかけ、家族の人を呼ぶことがあった。	5 ゴミの分別表示のとおりにゴミが捨てられていなかった。	6 迷子の子どもが親を待っているとき、相手をしてあげられず、本部で寂しそうにしていた。
7 じゃがいもの種類を説明する担当者は、とても忙しそうだった。	8 子どもがスープを服にこぼしてしまい、洗う場所をさがしている母親がいた。	9 中学生や高校生の参加が少なかった。
10 トイレの場所をたくさんの人に聞かれたが、すぐに対応できない場合もあった。	11 じゃがいも販売を担当する人が、調理方法も聞かれ、説明が大変そうだった。	12 食べ比べコーナーがとても混雑し、案内するのが大変だった。
13 調理の生ゴミがたくさん出た。	14 ゴミ箱がすぐいっぱいになってしまった。	15 リサイクルコーナーでは、紙製品があまり売れていなかった。
16 じゃがいも掘りで転んだ人がいて、泥だらけになって困っていた。	17 会場内に、車いすや高齢者の方が通行しにくい段差があった。	18 遠くから来た人たちが重いじゃがいもを持ち帰るのが大変そうだった。

K 教英出版

ゆうきさんたちは、気付いたことを書いたすべての付せんに番号を振り、5つに整理し表にまとめました。

【付せんを整理してまとめた表】

	付せんを整理する際の観点	付せんの番号
A	①	4・6・7・11
B	会場内の案内・表示に関すること	5・10
C	②	2・13・14
D	③	1・9
E	会場設営やイベント運営の方法に関すること	3・8・12・15・16 17・18

(1) 　上の表の空欄 ① ・ ② ・ ③ に入る説明文を、B、Eの説明文を参考に考え、表を完成させましょう。

(2) 　Eの「会場設営やイベント運営の方法に関すること」について、付せんで気付いたことを改善するためのアイデアを考え、例にならって具体的に3つ書きましょう。

例	付せんの番号	改善するためのアイデア
	3	自転車置き場の面積を今年より広くする。

(3) 　ゆうきさんたちは、今回のボランティア体験の成果をまとめたレポートを作成するために話し合っています。その中で3種類の提案が候補としてあげられました。

　次のページに示すレポートを作成するために、<u>後半部分④から⑥の3種類の提案の候補の中から、あなたの考える提案に近いものを1つ選び、その後半部分と意味がつながるように前半部分の文章を考えましょう。</u>なお、文章を書くにあたっては、90字から120字の範囲で書きましょう。

【ゆうきさんたちがまとめたレポート】

※下の原稿用紙は下書き用なので、使っても使わなくてもかまいません。解答は、解答用紙に書きましょう。

※◆の印から、横書きで書きましょう。途中で行を変えないで、続けて書きましょう。

※「。」や「、」も1字として数えるので、行の最後で右にますがないときは、ますの外に書いたり、ますの中に文字と一緒に書いたりせず、次の行の初めのますに書きましょう。

（下書き用）

前半部分

◆ 15 30 45 60 75 90 105 120

後半部分④

こうした課題を解決するために、私たちは次の提案をしたいと思います。会場内の案内や表示を分かりやすくするために、文字の大きさを工夫したり、写真やイラストも加えたりすると良いと思います。

後半部分⑤

こうした課題を解決するために、私たちは次の提案をしたいと思います。インターネットを使って様々な人たちにイベントを知ってもらうとともに、じゃがいもを送ることができるコーナーをつくると良いと思います。

後半部分⑥

こうした課題を解決するために、私たちは次の提案をしたいと思います。一部の担当者たちの負担が大きくなりすぎないように、今年のイベントの成果を発表する機会を設けたり、ボランティア募集のチラシを自分たちで作成したりするなどの活動に取り組み、ボランティアを増やしたいと思います。

- 8 -

これで、適性検査Ⅱの問題は終わりです。

令和2年度　市立札幌開成中等教育学校入学者選考
適性検査Ⅱ

適性検査Ⅰ

注　意

1　試験監督の先生の合図があるまで、中を開かないでください。

2　検査問題は、1ページから8ページまであります。

3　解答用紙は、表と裏の両面に解答らんがあります。解答は、全て解答用紙に書きましょう。

4　解答時間は、45分間です。

5　机の上の「受検票」をよく見て、解答用紙に、学校名、男女、受検番号をまちがいのないように書きましょう。

問題用紙のあいている場所は、下書きや計算などに使用してもかまいません。

次の文章と会話文をよく読んで、(1)から(6)の問いに答えましょう。

ともみさん、たかしさん、よしこさんの3人は、「世界のゲームフェア」に行き、次のような表示が出ているゲームコーナーを見つけました。

> 推理ゲームコーナー
> 「ゲーム主人との会話から自分のカードを推理してみよう！」

そのコーナーには、テーブルとイスがあり、「ゲーム主人」と書いた名札をつけた人が1人座っていました。

ともみさん：ゲーム主人さん、この推理ゲームに参加してみたいのですが、私たち3人が一緒に楽しむことはできますか。

ゲーム主人：やあ、いらっしゃい。3人が一緒だとちょうどいい。あまり人数が多いと推理が難しくなるからね。それでは、3人ともイスに座ってくれるかな。

3人がイスに座ると、ゲーム主人は次のようにテーブルの上に7枚のカードの表をふせて並べました。

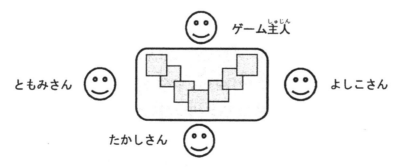

ゲーム主人：7枚のカードには、それぞれ0から5と10の数字のどれか1つが書いてあり、同じ数字のカードはありません。

全員：分かりました。

ゲーム主人：それでは、ともみさん、たかしさん、よしこさんの順番に1人1枚ずつ、好きなカードを選んで、私と他の2人にカードの表を見せてください。私と他の2人がカードの数字を確認したら、それぞれ、自分の前のテーブルの上に、カードの表をふせて置いてください。この時、他の2人の数字を忘れそうだなと思ったら、手元にある紙にメモをしてもいいです。ただし、絶対に他の人には見られないように注意してくださいね。

　ともみさん、たかしさん、よしこさんの順番にカードを選び、ゲーム主人と他の2人にカードの表を見せてから、それぞれ自分の前のテーブルの上にカードの表をふせて置きました。この時、よしこさんは、手元にある紙に次のようにメモしていました。

> 0、1、2、3、4、5、10のうち
> ともみさんは2、たかしさんは1、私は？

ゲーム主人：さあ、これで準備完了だ。これから、ともみさん、たかしさん、よしこさんの順番で、私に質問をしてください。ただし、私は、「はい」か「いいえ」としか答えません。みなさんは、私の答えを聞きながら、自分のカードの数字を推理してみてください。自分のカードの数字が分かったと思ったところで「チャレンジ」と言って答えてください。もし、その答えが間違っていた場合は1回休みとなり、次の自分の順番の時に質問ができなくなります。最も早く正解を言った人が勝ちです。では、ともみさんから質問をどうぞ。

ともみさん：全員のカードの数字を足したら7より大きい数ですか。

ゲーム主人：はい。

たかしさん：全員のカードの数字を足したら17より小さい数ですか。

ゲーム主人：①はい。

よしこさん：あっ、次の質問で、きっとチャレンジができると思うよ。では、聞きます。私の数字は 10 ですか。

ゲーム主人：いいえ。

よしこさん：チャレンジします。

ゲーム主人：では、よしこさん、答えをどうぞ。

よしこさん：私の数字は ア です。

ゲーム主人：はい、正解です。今回は、よしこさんの勝ちです。では、それぞれ自分の前のカードを表にして数字を確認しよう。

ともみさん：そうか、私の数字は 2 だったんだ。もし、最初の質問の時に、私が「全員のカードの数字を足したら イ より大きい数ですか。」と聞いていたら、たかしさんは、どんな質問をしていたのかな。

たかしさん：それでも、私は同じ質問をしていたと思うよ。

よしこさん：そうなっていたら、私は、チャレンジを確信した質問はできずに、きっと、ゲームは 2 周目に入っていたね。

ゲーム主人：確かにそうだね。

(1) 下線部①について、この答えによって、よしこさんは自分のカードとして可能性のある数字を 2 つにまでしぼり込むことができました。その 2 つの数字を書きましょう。

(2) ア にあてはまる数字を書きましょう。

(3) イ にあてはまると考えられる数字のうち、この質問でゲーム主人が「はい」と言った場合に、ともみさん自身も可能性のある自分のカードを減らすことができる数字は 1 つだけです。その数字を書きましょう。

ゲーム主人：それでは、今度は 1 枚だけカードを変えてやってみよう。10 のカードを☆という数字のカードに変えてみるよ。☆という数字には、5 を引くという作用があります。3 人とも分かったかな。

全員：分かりました。

ゲーム主人：それでは、先ほどと同じように、ともみさん、たかしさん、よしこさんの順番でカードを選んでください。

それぞれ3人は、ゲーム主人と他の2人に、選んだカードの表を見せてから、自分の前のテーブルの上にカードの表をふせて置きました。今回のよしこさんのメモは次の通りでした。

> 0、1、2、3、4、5、☆のうち
> ともみさんは0、たかしさんは1、私は？

ゲーム主人：よし、それでは始めよう。今度は、私が、よしこさん、たかしさん、ともみさんの順番に質問をするから、そのやりとりを聞きながら、自分の数字を推理してみよう。分かったところで「チャレンジ」と言って答えを言うのは同じだよ。まずは全員に同じ質問をします。自分以外のカードの数字を足したら、0より大きいですか。「はい」か「いいえ」で答えてください。では、よしこさん答えをどうぞ。

よしこさん：はい。

ゲーム主人：次は、たかしさん。

たかしさん：はい。

ゲーム主人：最後に、ともみさんはどうですか。

ともみさん：②はい。

ゲーム主人：まだ、チャレンジする人はいないかな。では、よしこさんに次の質問です。全員のカードの数字を足した数として可能性があると考えている数をすべて言ってください。

よしこさん：可能性のある数は、3か4か5か6です。

ゲーム主人：それは正しいですね。

ともみさん：③あっ。

ゲーム主人：ともみさん、チャレンジですか。

ともみさん：もう少し考えてみます。

ゲーム主人：では、たかしさんに質問します。自分のカードの数字として、可能性があると考えている数を言ってください。

たかしさん：1か3か4です。

ゲーム主人：それは正しいですね。

ともみさん：やっぱりチャレンジします。私のカードの数字は0です。

ゲーム主人：はい、正解。ともみさんの勝ちです。それぞれ自分の前のカードを表にして数字を確認してみましょう。

よしこさん：そうか、私の数字は ウ だったんだ。

たかしさん：あっ、しまった。ゲーム主人さんから私が2回目の質問をされた時に、見方を変えてみると、自分の数字が1だと分かったんだ。そうすれば、ともみさんより先にチャレンジができて、勝つことができたのに。残念だ。

ともみさん：そうだね。私も、よしこさんの答えに対して、ゲーム主人さんが「それは正しいですね。」と言った時に、ひらめいたんだ。ちょうど、「あっ。」と言った時だけれど、失敗するのは嫌なので、もう1回考えて様子をみていたんだ。でも、たかしさんが気づく前にチャレンジできてラッキーだったよ。

よしこさん：今回は、自分の数字をしぼり込むのが難しかったけれど、おもしろかったね。では、次のゲームコーナーに行こう。

全員：ゲーム主人さん、どうもありがとうございました。

(4) 下線部❷について、この答えによって、よしこさん、たかしさん、ともみさんの3人が共通に分かったことを書きましょう。

(5) 下線部❸について、ともみさんは、「あっ。」と言った時に自分のカードの数字が0と分かりました。どのようにして分かったのかを説明しましょう。

(6) ウ にあてはまる数字を書きましょう。

次の文章と会話文をよく読んで、(1)から(4)の問いに答えましょう。

けんたさんの学校では、宇宙飛行士から札幌で花を咲かせることができるAからFの宇宙の花の種をもらいました。これらのAからFは、下の表のような特徴があります。ただし、宇宙の種や花は、同じ花だんに別の宇宙の種や花と一緒に植えている期間があってはいけません。

花の種類	咲いている時期	花の色	種まきの時期	適した土の特徴	適した場所	条件
A	4月	紫・青	12月	かたい	日なた	温室で種まきをし、4月に日当たりの良いかたい土の花だんへ植え替える。
B	6月	紫・赤	咲く2か月前	種：やわらかい 花：かたい	日かげ	種まきは日かげのやわらかい土が適しているが、花が咲く1週間前には日かげのかたい土へ植え替える。
C	7月	紫・赤・白	咲く3か月前	やわらかい	日なた	花が咲き終わってから翌年の4月までその花だんは使えない。
D	8月	紫・青・白	咲く3か月前	かたい	日なた	種まきの時期に水やりを欠かさないようにする。
E	9月	白・赤	咲く3か月前	どちらの土でも良い	日かげ	花が咲き終わった後、3か月間、その花だんは使えない。
F	10月	青・赤	8月	かたい	日かげ	種まきから花が咲くまで肥料を多く必要とする。

けんたさんは、**A**から**F**のすべての種を使って、学校の花だんに花を咲かせたいと思い、その方法について、あさこさんと話をしています。

けんたさん：学校の花だんは、4か所あるね。

あさこさん：それぞれの花だんの特徴をまとめたのがこの表だよ。

花だんの場所	土の特徴	日当たりの状況
校舎とグラウンドの間	やわらかい	日なたの時間が長い
体育館の裏側	やわらかい	日かげの時間が長い
前庭	かたい	日なたの時間が長い
校舎の北側	かたい	日かげの時間が長い

けんたさん：8月の夏祭りでは**D**の花を花だんいっぱいに咲かせましょう。**D**の花は日なたのかたい土で育てる花だね。だから、前庭の花だんで育てることにしよう。

あさこさん：**D**の花は咲く3か月前に種まきをするんだね。ということは、5月に種まきをすることになるね。その時期は水やりを忘れないようにしなくちゃ。

けんたさん：たしかに。次に、 ア の花は日かげで、土はかたくても、やわらかくてもいいみたい。ただ、花が咲いた3か月後には掘り起こして花だんをきれいにする必要がありそうだね。

あさこさん：そうだね。今年の9月にはどんな花を咲かせられそうかな。

けんたさん： ア の花を イ の花だんで育てるのはどうだろう。

あさこさん：ちょっと待って。それだと他の花と花だんが重なってしまうよ。では、 ウ の花だんで育てることにしよう。

けんたさん：そうか。まずは、花だんごとに、いつどの種を植えて、いつ花が咲くのかを整理していく必要があるね。では、校舎とグラウンドの間の花だんについて考えてみよう。

あさこさん：校舎とグラウンドの間の花だんは、やわらかい土で日なたの時間が長いので、適しているのは、**C**の種だけだね。

けんたさん：そうだね。**C**の種は、花が咲く3か月前に種まきをすることになっているから、4月に種をまくと7月に花が咲くね。

あさこさん：なるほど。そうやって順番に考えていくと、①残り３つの花だんも、どの花だんにどの花を咲かせるかが整理されるね。

けんたさん：よし、これで整理した表ができたよ。

あさこさん：せっかくだから、４つの花だんに紫・赤・青・白の４色のどれかを１色ずつ割り当てて、花だんごとに違う色の花を咲かせるのはどうかな。

けんたさん：それは、いいね。では、ＡからＦの花がそれぞれどの色ならうまくいくか考えてみよう。

あさこさん：②よし、これでＡからＦの花の色が決まったね。

先生：おーい、２人ともちょっとおいで。この間の宇宙飛行士からＧ・Ｈ・Ｉ・Ｊという新しい花の種をもらったよ。

けんたさん：うわあ、すごい。どんな特徴のある花ですか。

先生：では、説明するね。どの花も咲いている期間は１か月です。Ｇは、５月に種をまき、温室で２か月ほど育ててから、７月に日かげのかたい土で咲く赤い花だよ。Ｈは８月に種をまき、１か月後に日なたのやわらかい土で咲く紫の花だ。Ｉは、４月に種をまき、２か月後に日かげのやわらかい土で咲く白い花だよ。最後に、Ｊは、９月に種をまき、１か月後には日なたのどの土でも咲く青い花だよ。

あさこさん：すごい。では、③ここまで考えた計画を変更することなく、このＧからＪの４種類の花のうち、さらに花だんに植えて、花を咲かせることができる種があるかを考えてみよう。

(1) 会話文中の ア ～ ウ に入る記号または語句を答えましょう。なお、２つの ア には同じものが入ります。

(2) 下線部①について、残り３つの花だんに咲かせる花をすべて選び、記号で答えましょう。

(3) 下線部②について、この時決まったＡからＦの花の色を答えましょう。

(4) 下線部③について、ＧからＪのうち、さらに花を咲かせることができるものをすべて選び、その花の記号と植える花だんの場所の組み合わせを答えましょう。

これで、適性検査Ⅰの問題は終わりです。

平成31年度　市立札幌開成中等教育学校入学者選考
適性検査 I

適性検査Ⅱ

注　意

1　試験監督の先生の合図があるまで、中を開かないでください。

2　検査問題は、1ページから8ページまであります。

3　解答用紙は、表と裏の両面に解答らんがあります。解答は、全て解答用紙に書きましょう。

4　解答時間は、45分間です。

5　机の上の「受検票」をよく見て、解答用紙に、学校名、男女、受検番号をまちがいのないように書きましょう。

問題用紙のあいている場所は、下書きや計算などに使用してもかまいません。

教英出版

1

　市立札幌開成中 等 教 育学校の校舎の中には、トイレ **A** とトイレ **B** が
あります。次の校舎内にあるトイレの写真をよく見て、(1)から(3)の問
いに答えましょう。

【トイレ**A**の写真】

個室の様子

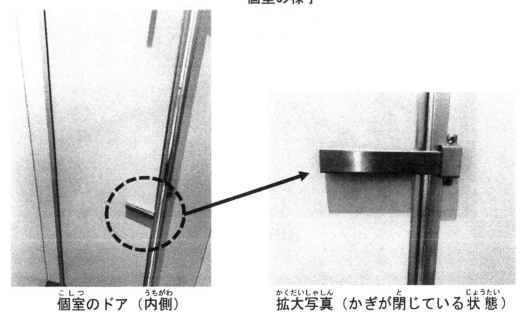

個室のドア（内側）　　　拡大写真（かぎが閉じている状 態）

-1-

【トイレBの写真】

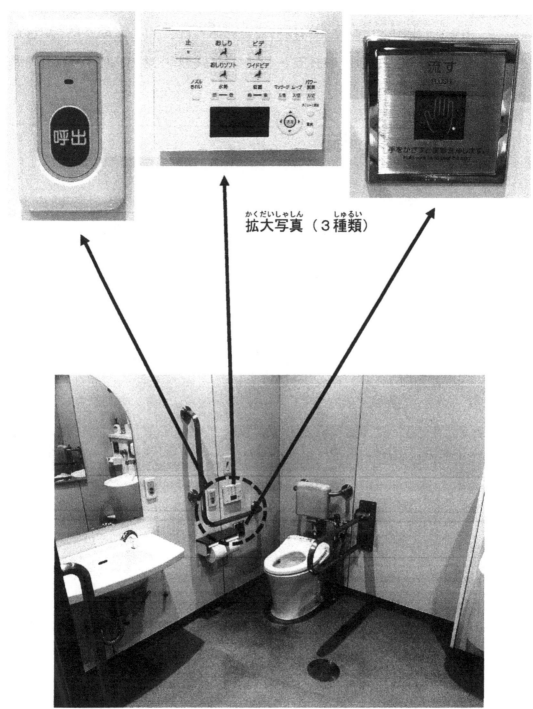

拡大写真（３種類）

個室の様子

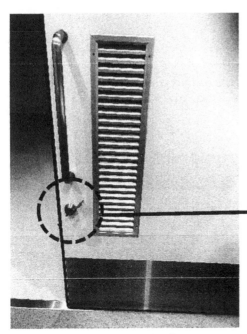

個室のドア（内側）

拡大写真（かぎが閉じている状態）

(1) トイレ**A**とトイレ**B**の写真を比較すると、トイレ**B**の方に多くの工夫があることが分かります。これらの写真を見て、あなたが気づいたトイレ**B**の工夫について 10個書きましょう。

(2) (1)で答えた工夫から１つを選び、その工夫によって、トイレ**B**がどのような点において、より使いやすいものになっているのかを具体的に書きましょう。

(3) あなたは、このトイレ**B**をより一層、使いやすいトイレにするために、どのような工夫を加えたらいいと考えますか。新たに加える工夫を１つあげ、その工夫によって使いやすくなる点とあわせて、あなたの考えを書きましょう。

問題は、次のページに続きます。

(5)

15点

(6)

10点

学　校　名	男　女	受　検　番　号

	A	B	C	D	E	F
(3)						

完答15点

花の記号	—	花だんの場所
（解答例）　　　K	—	体育館の裏側

(4)

完答15点

（正解が一つのみある場合5点）
（三つ以上解答が書いてあり、
正解が二つある場合10点）

(3)

新たに加える工夫

_____

_____

_____

5点

その工夫によって使いやすくなる点

_____

_____

10点

_____

学 校 名	男 女	受 検 番 号

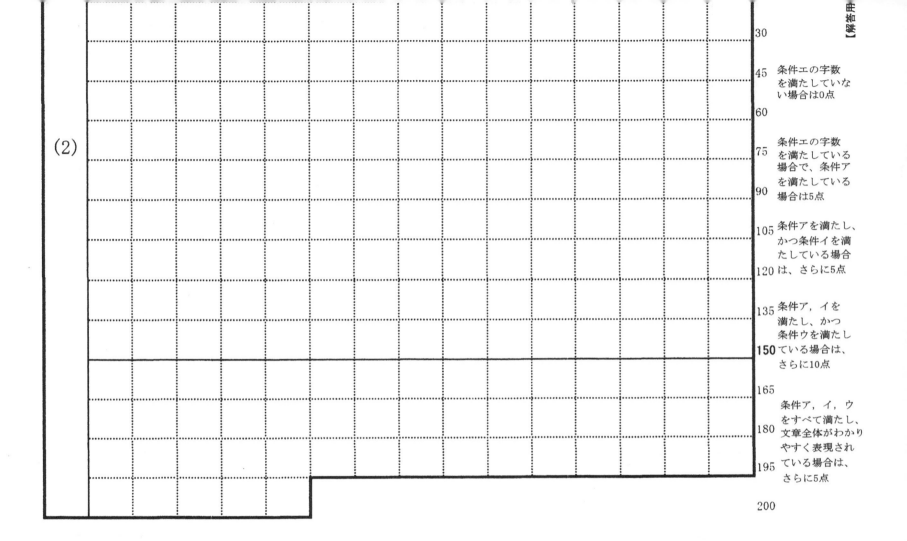

(2)

30

45　条件エの字数
　　を満たしていな
　　い場合は0点

60

75　条件エの字数
　　を満たしている
　　場合で、条件ア
　　を満たしている
90　場合は5点

105　条件アを満たし、
　　かつ条件イを満
　　たしている場合
120　は、さらに5点

135　条件ア，イを
　　満たし、かつ
　　条件ウを満たし
150　ている場合は、
　　さらに10点

165

　　条件ア，イ，ウ
　　をすべて満たし、
180　文章全体がわかり
　　やすく表現され
　　ている場合は、
195　さらに5点

200

適性検査Ⅱ　解答用紙

2	(1)		25点 （正解１つ につき５点）

※◆の印から、横書きで書きましょう。途中で行を変えないで、続けて書きましょう。

※「。」や「、」も1字として数えるので、行の最後で右にますがないときは、ますの外に書いたり、ますの中に文字と一緒に書いたりせず、次の行の初めのますに書きましょう。

※資料の数値を書く場合、「49.0」のような数値も1字として数えるので、1つのますの中に書きましょう。

資	料	1	と	2	の	2	つ	の	デ	ー	タ	か	ら	、

25点

適性検査Ⅱ　解答用紙

※100点満点

1

(1)

20点
（正解1つ
につき2点）

(2)

【解答用

適性検査Ⅰ　解答用紙

2	(1)	ア		完答10点
		イ		
		ウ		
	(2)	体育館の裏側		完答10点
		前庭		

適性検査Ⅰ　解答用紙

※100点満点

1

(1)	完答5点
(2)	5点
(3)	5点
(4)	10点

【解答用

あきらさんとはなこさんは、先生と一緒にインターネットの使い方について話をしています。次の会話文をよく読んで、(1)と(2)の問いに答えましょう。

先生：2人は、どのような目的でインターネットを使うことが多いですか。

あきらさん：そうですね。私は、音楽をきくことが多いです。

はなこさん：私は、動画を見て楽しむことが多いかな。

先生：なるほど。2人とも学びで使うというよりは、趣味や遊びで使うことが多いんだね。

あきらさん：私の姉は高校生だけれど、いつも友達とのコミュニケーションで使っているようです。

はなこさん：インターネットの使い道は人それぞれだけれど、年れいによって特徴がありそうですね。

先生：はなこさん、いいところに気づきましたね。では、インターネットの利用内容をまとめた資料1のグラフを見てください。

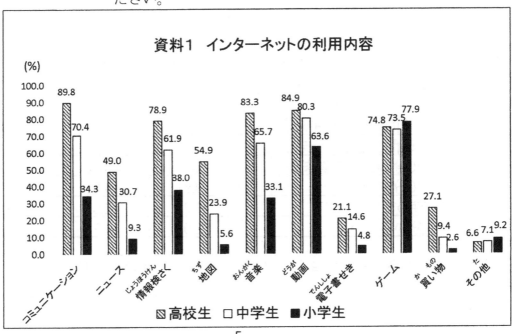

資料1 インターネットの利用内容

先生：これは、平成30年3月に内閣府から発表された「平成29年度青少年のインターネット利用環境実態調査」の中にあったデータをもとに作成したものです。例えば、インターネットでニュースを利用している高校生の割合は、回答した高校生全体の49.0%であることが分かります。

はなこさん：①資料1のグラフから、色々なことが分かりますね。

先生：確かにそうですね。では、資料1のグラフから分かることをもとに考えた場合、どんなことが予想できるかな。

あきらさん：資料1のグラフから、高校生が色々なことでインターネットを利用していることが分かるため、利用時間も長いのではないかと予想できます。

先生：なるほど。あきらさんの予想が正しいかどうかを考えるのに使えそうなデータがあります。先ほどと同じ調査からまとめた平日1日あたりのインターネットの利用時間の割合を示した資料2の表を見てください。

資料2　平日1日あたりのインターネットの利用時間の割合

利用時間＼対象	高校生 (%)	中学生 (%)	小学生 (%)
5時間以上	26.1	11.6	5.1
4時間以上5時間未満	10.3	9.5	3.3
3時間以上4時間未満	17.4	14.4	7.7
2時間以上3時間未満	20.4	21.2	17.3
1時間以上2時間未満	17.2	25.5	29.5
30分以上1時間未満	5.6	10.1	17.0
30分未満	0.9	4.0	11.7
使っていない	0.2	2.0	5.0
分からない	2.0	1.7	3.3

※各データは、四捨五入しているため、合計が100%にはなりません。

先生：資料1と2から他に何か分かることがあるかな。

はなこさん：ゲームをやりすぎて、インターネットを長時間利用してしまう小学生が多いということが分かります。

先生：うーん。残念ながら、資料1と2からだけでは、ゲームをやりすぎて、インターネットを長時間利用してしまう小学生が多いかどうかは分からないね。これらの他にゲームでインターネットを利用している小学生のインターネットの利用時間に関するデータが必要ですね。

あきらさん：そうか。②データから予想を立てることは大切だけれど、その予想が正しいことを証明するためには、より多くのデータが必要だということですね。

先生：その通りです。

(1) 下線部①について、資料1から確実に分かることを5つ書きましょう。

(2) 下線部②について、資料1と2の2つのデータから分かることをもとに、インターネットの使い方の現状に関して、あなたならどのような予想を立て、その予想が正しいかどうかを判断するために、どのようなデータが必要だと考えますか。あなたの考えを次の条件にしたがって書きましょう。

条件ア　資料1と2の2つのデータから、確実に「分かること」を1つ書いてください。

条件イ　条件アで取り上げた「分かること」をもとに、インターネットの使い方の現状に関するあなたの「予想」を書いてください。

条件ウ　条件イで取り上げた「予想」が正しいかどうかを判断するために必要なデータについて、あなたの考えを書いてください。

条件エ　文章は、「資料1と2の2つのデータから、」に続けて、150字以上、200字以内で書いてください。「。」「、」や「49.0」のような資料の数値も1字として数えます。

※下の原稿用紙は下書き用なので、使っても使わなくてもかまいません。解答は、解答用紙に書きましょう。

※◆の印から、横書きで書きましょう。途中で行を変えないで、続けて書きましょう。

※「。」や「、」も1字として数えるので、行の最後で右にますがないときは、ますの外に書いたり、ますの中に文字と一緒に書いたりせず、次の行の初めのますに書きましょう。

※資料の数値を書く場合、「49.0」のような数値も1字として数えるので、1つのますの中に書きましょう。

(下書き用)

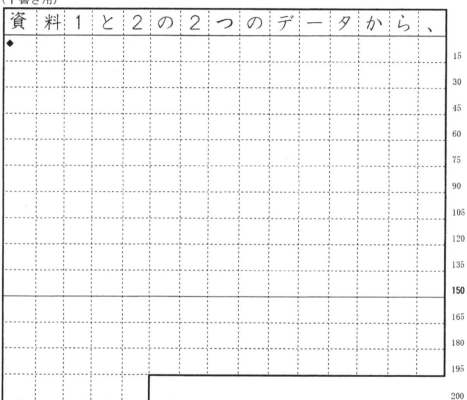

これで、適性検査Ⅱの問題は終わりです。

適性検査Ⅰ

注　意

1　試験監督の先生の合図があるまで、中を開かないでください。

2　検査問題は、1ページから8ページまであります。

3　解答用紙は、表と裏の両面に解答らんがあります。解答は、全て解答用紙に書きましょう。

4　解答時間は、45分間です。

5　机の上の「受検票」をよく見て、解答用紙に、学校名、男女、受検番号をまちがいのないように書きましょう。

問題用紙のあいている場所は、下書きや計算などに使用してもかまいません。

1

次の文章と会話文をよく読んで、(1)から(4)の問いに答えましょう。

はるなさんとけんたさんが児童館に遊びに行ったときに、おもしろい装置を見つけました。次の図はこの装置を真上から見たものです。

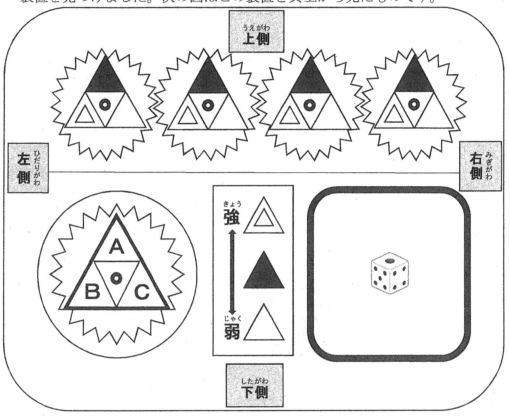

けんたさん：この装置はなんだろう。上側には歯車が横に四つならん
　　　　　　でいるようだけれど。
はるなさん：下側には絵が二つかいてあるね。右側はくぼみになって
　　　　　　いて、サイコロが一つ置かれているね。
けんたさん：うーむ、見当もつかないな。館長さんに聞いてみよう。
はるなさん：すみません。この装置はなんですか。
館長さん：これは、３人のプレーヤーが順番にサイコロを投げ、そ
　　　　　　の出た目の数に応じて歯車をまわすことで、順位を競う
　　　　　　ゲームだよ。

-1-

けんたさん：へえ。なんだかおもしろそう。

館長さん：もし、よかったら、実際に遊んでみるかい。

はるなさん：え、いいんですか。

館長さん：もちろんです。では、さっそくルールを教えるね。まず、下側の真ん中の絵から説明するね。三角形が縦に三つならんでいるよね。一番上にある二重の三角形、これが一番強い三角形だ。次に強いのが、真ん中の黒い三角形。一番下にある白い三角形が一番弱いんだ。

けんたさん：なるほど。あれ、これって、上側の歯車の中の大きな三角形にかかれているね。

館長さん：よいところに気がつきました。では、その歯車の説明をしようか。四つの歯車のうち動かすのは、一番右側の歯車だけ。これをサイコロの出た目の回数だけ左に 120 度ずつまわします。歯車を左に 120度まわすとは、このカードのようなことです。

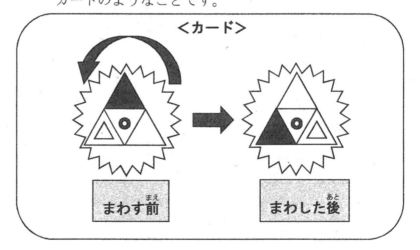

＜カード＞

まわす前　　　　　　まわした後

けんたさん：一番右側の歯車を動かすと、他の三つの歯車も一緒に動くしくみになっているんだね。

館長さん：そのとおり。では、最初の状態から、左に 120度まわしてみよう。これは、サイコロを投げて 1 の目が出たときの状態だよ。

けんたさん：①最初とは、違った模様のならびになったね。

館長さん：よし、さらに左に120度まわしてみようか。

はるなさん：さらに違った模様のならびになったね。

館長さん：では、さらに左に120度まわしてみよう。

けんたさん：なるほど、3回まわすと、最初の模様にもどるんだね。

館長さん：そのとおり。次に、下側の左側の絵について説明するね。3人のプレーヤーは最初にじゃんけんをして、勝った順番に自分の好きな位置を選ぶんだ。大きい三角形の上がＡ、左下がＢ、そして右下がＣになるよ。じゃあ、3人でやってみようか。

（3人でじゃんけんをした結果、はるなさん、けんたさん、館長さんの順番になりました。）

はるなさん：じゃあ、私はＡの位置を選ぶね。

けんたさん：私はＢの位置にしよう。

館長さん：私はＣの位置ということになりますね。じゃあ、じゃんけんで勝ったはるなさんからサイコロを投げてみよう。

はるなさん：2が出たよ。

館長さん：よし、じゃあ、さっそくまわしてごらん。

はるなさん：一番右側の歯車を、左に2回分まわしていくと。

館長さん：四つの歯車の模様が決まったね。はるなさんはＡの位置を選んだから、四つの歯車の中の大きい三角形の上の部分がはるなさんの強さになるよ。その三角形は、左側から順に、ア 、イ 、ウ 、エになるね。

けんたさん：三角形の強さの順番はさっき聞いたけれど、どのように勝敗が決まるかわからないよ。

館長さん：勝敗は、四つならんでいる三角形のうち一番左側の三角形で決まるよ。もし、その三角形が他のプレーヤーと同じだったときは、左側から二番目の三角形で勝敗を決めるんだ。では歯車を最初の状態に戻して、次にけんたさんがサイコロを投げてみよう。

-3-

けんたさん：サイコロの目は、　オ　だったよ。じゃあ、歯車をまわ
すね。私の三角形は、左側から順に、△、▲、△、▲
になったよ。

館長さん：そうだね。では、歯車を最初の状態に戻してから、私
が投げましょう。サイコロの目は　カ　になりました。
その結果、1位がはるなさん、2位がけんたさん、3位
が私ということになりましたね。

(1) 下線部①について、このときの四つの歯車の模様をかきましょう。

(2) 　ア　、　イ　、　ウ　、　エ　に入る三角形をかきましょう。

(3) 　オ　に入る可能性のあるサイコロの目の数を全て書きましょう。

(4) 　カ　に入る可能性のあるサイコロの目の数を全て書きましょう。

K 教英出版

【適

次の文章と会話文をよく読んで、(1)から(3)の問いに答えましょう。

　かずやさんが通う学校では、「私たちが住む町にはどのような魅力があるのか」というテーマで、実際に様々な場所を訪問して、町の魅力を発表する取り組みを行っています。かずやさんの班では、「私たちの町が、なぜ観光客に人気があるのだろうか」という課題を立てて、観光客に人気の場所へ実際に行って詳しく取材することにしました。

先生：今日は、取材の計画を立てます。できるだけ多くの場所で取材できるよう、計画を立ててください。取材する日は全員【学校】を9時に出発して、昼食は【駅】の中にある休けい所で食べること。昼食時間は12時から12時50分です。12時までには【駅】に到着して、12時50分までの昼食時間を計画に入れましょう。帰りは【学校】に16時30分までには着くようにしてください。

かずやさん：それぞれの場所で取材できる時間帯を整理してみよう。

ともみさん：まず【駅】は、取材開始が11時と13時30分で、40分間の取材ならよいと言っていたよ。それから【動物園】は、午前中は10時か11時の開始で、午後は14時か15時の開始なら取材可能だって。取材時間はここも40分間。

あやかさん：【電波塔】は、当日、団体の見学があるから、13時か16時の開始しか無理で、取材時間は20分と言っていたよ。

かずやさん：やっぱり人気なんだね。私の調べた【公園】も近くの幼稚園の遠足があるから、9時30分から20分間か、14時30分から20分間のどちらかにしてほしいって。

ゆうじさん：【農園】は、午前中が10時か11時の開始で、午後は12時、13時、14時、15時、16時のいずれかの開始にしてほしいと言っていたよ。取材時間は20分間。

かずやさん：【美術館】と【展望台】はどうだったの。

あやかさん：どちらも見学会をしているから、その時間に合わせて来てほしいと言っていたよ。【美術館】は９時30分から１時間ごとに見学会をやっていて、最終は 15時30分からの開始。【展望台】は、10時から１時間ごとで、最終は 16時からの開始で、どちらも見学時間は 20分間。

あやかさん：あ、そうそう【博物館】も聞いたんだった。【博物館】は、11時からか、13時30分からなら、40分間見学しながら取材させてもらえるって。

かずやさん：これで予定していた場所は全部だね。せっかく取材や見学をさせてもらえるなら全部まわろうよ。しっかり調査するために、それぞれの場所で示された時間を全て使って取材をしてこよう。

ともみさん：うん、そうだね。そのためには、行く順番をしっかり考えないとだめだね。それぞれの場所が何時から何分間取材できるのかを次の表に矢印でまとめてみよう。

ゆうじさん：【農園】と【駅】については、昼食も含めてこの矢印でよいね。それじゃあ、他にも同じように入れていこう。

	9時		10時		11時		12時		13時		14時		15時		16時	
		30分		30分		30分		30分		30分		30分		30分		30分
農園			←→		←→		←→		←→		←→		←→		←→	
博物館																
駅				←→		昼食←―→			←→							
美術館																
電波塔																
展望台																
動物園																
公園																

-6-

【適

かずやさん：よし、①表が完成したぞ。

ゆうじさん：うーん。この表を見ると、**ア**と**イ**は取材できる時間帯がまったく同じだ。それから、**ウ**と**エ**も同じだね。

ともみさん：そうだね。**ア**と**イ**は、取材できる時間帯がたくさんあるけれど、**ウ**と**エ**は、取材できる時間帯が、2回しかないね。全部まわるためには、午前中に**ウ**に行ったら、**エ**は午後にしか行けないことになるね。

先生：計画は進んでいるかい。ところで、それぞれの場所に移動する時間は調べたのかい。計画を立てるためには必要なことだよ。

ともみさん：それは私が調べました。まとめたのがこの表です。たとえば、【学校】を出発して【駅】まで行くのにかかる時間は、太枠で囲んだところになるので、10分かかるということになります。

到着地 (分)

	学校	農園	博物館	駅	美術館	電波塔	展望台	動物園	公園
学校		5	10	10	15	15	15	20	25
農園	5		5	15	10	20	20	15	30
博物館	10	5		10	5	15	25	10	25
駅	10	15	10		5	5	15	10	15
美術館	15	10	5	5		10	20	5	20
電波塔	15	20	15	5	10		10	15	10
展望台	15	20	25	15	20	10		25	10
動物園	20	15	10	10	5	15	25		20
公園	25	30	25	15	20	10	10	20	

（出発地）

あやかさん：すごいね、ともみさん。この表とさっきの表を合わせて考えれば、どの順番に取材すればよいのかわかるね。

先生：お、しっかりとした計画が立てられそうだね。取材場所に早めに着いて待っているのはよいけれど、絶対に遅れないように。それと取材時間はしっかりと守ること。あと、取材が終了したら、すぐ次の場所へ移動を開始すること。

かずやさん：よし。8か所全部に取材できるように計画を立てよう。

ゆうじさん：そうだね。えーと、まず一番早い時間帯に取材できるのは、 オ と カ だね。

ともみさん：それから キ と ク は、取材できる最後の時間帯に行くと【学校】に帰る時間に間に合わなくなるから、最後には行けないね。

あやかさん：それなら【学校】に着くまでの時間が一番短い ケ を最後に行くことにしよう。

かずやさん：そうだね。そうやって考えていくと、②午前中に3か所、午後に5か所で、8か所全部まわることができる計画が完成するね。

(1) 下線部①について、矢印を入れて表を完成させましょう。

(2) ア ～ ケ にあてはまる場所を書きましょう。ただし、同じ場所が入る場合もあります。

(3) 下線部②について、この計画を完成させるために、1番目から順番にまわる場所を書きましょう。

これで、適性検査Ⅰの問題は終わりです。

平成30年度　市立札幌開成中等教育学校入学者選考
適性検査 I

適性検査Ⅱ

注　意

1　試験監督の先生の合図があるまで、中を開かないでください。

2　検査問題は、1ページから8ページまであります。

3　解答用紙は、表と裏の両面に解答らんがあります。解答は、全て解答用紙に書きましょう。

4　解答時間は、45分間です。

5　机の上の「受検票」をよく見て、解答用紙に、学校名、男女、受検番号をまちがいのないように書きましょう。

問題用紙のあいている場所は、下書きや
計算などに使用してもかまいません。

次の文章をよく読んで、(1)から(3)の問いに答えましょう。

　あかねさんは、「東京から札幌へ移住する人を増やそう」というキャンペーンを見つけました。そのキャンペーンでは、下の応募用紙にあるように、札幌の冬の生活に不安を感じている人に対して、冬の間、札幌に住んでみることをすすめる「小学生からの手紙」を募集していました。
　興味をもったあかねさんは、この「小学生からの手紙」に応募することにしました。

「小学生からの手紙」応募用紙

この冬、札幌で生活してみませんか
札幌の冬の生活に不安を感じているあなたへ

　　　　　　この冬、札幌でお会いできることを楽しみにしています。

＿＿＿＿＿＿小学校　名前＿＿＿＿＿＿＿＿＿＿＿

---

(1) あかねさんは、応募をするに当たって、まず、自分にとっての札幌の冬の魅力をできるだけ多くあげてみることにしました。あなたが、あかねさんだとしたら、どのようなことをあげますか。他の人に伝わるような文にして、五つ書きましょう。

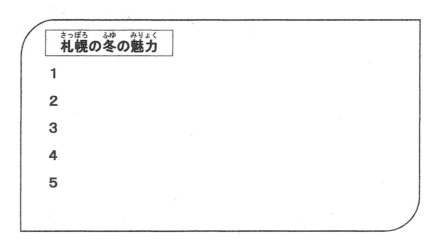

札幌の冬の魅力

1

2

3

4

5

(2) 次に、あかねさんは、自分にとっての札幌の冬の課題をできるだけ多くあげてみることにしました。あなたが、あかねさんだとしたら、どのようなことをあげますか。他の人に伝わるような文にして、五つ書きましょう。

札幌の冬の課題

1

2

3

4

5

2018（H30）　市立札幌開成中等教育学校　Ⅱ
K教英出版

【適Ⅰ

(3) あかねさんは、次の二つの内容を入れて、手紙を書くことにしました。

> ・札幌の冬の生活に対する不安をできるだけ少なくする。
> ・札幌の冬の魅力を一層伝える。

あなたが、あかねさんだとしたら、どのような手紙を書きますか。あなたが (1)、(2)で解答した内容をもとに、応募用紙を完成させるために、手紙の本文を書きましょう。

次の文章と会話文をよく読んで、(1)と(2)の問いに答えましょう。

　たかしさんは「一人一人が新たなことを発見できるグループでの話し合いをするにはどうしたらよいか」というテーマについて意見を述べることになりました。そこで、まず、グループでの話し合いについて解説したＤＶＤをみました。あとに続く会話文はそのＤＶＤに出てきたやりとりです。

まことさん：先生が、学校のめあてである「わたし、アナタ、min-na　そのすがたがうれしい」が実現する学校生活について、グループで話し合いましょうと言っていたけれど、どうすればよいのかな。

さくらさん：グループのみんなで考えると、色々な意見が出てきて一つにまとめるのが大変だよね。それに私は、考えをまとめるのに結構時間がかかるタイプなので、一人で考える方が気が楽なんだよね。

ゆうたさん：そうそう。考え方が違う人同士で話し合っても、意見が合わず対立するだけだし、そもそも、私はグループで話し合うなんて意味がないと思うんだ。

かなえさん：二人ともちょっと待って。そんなこと言っていたら話し合いにならないじゃない。先生が話し合ってみましょうと言っているんだから、とにかく始めようよ。

まことさん：そうだね。それなら、まず司会者と記録者を決めよう。私は、声が大きいかなえさんが司会になったらよいと思うよ。

かなえさん：えっ、私が司会するの。私は、どちらかっていうと、みんなから出た意見を書いてまとめるほうが好きなんだけれどね。まあ、しかたがないからやるよ。でもそのかわり、まことさんが記録係をやってよね。

	キ		ク	
	ケ			5点（完答）

	スタート	学　校	5番目	
(3)	1番目		6番目	
	2番目		7番目	
	3番目		8番目	
	昼　食	駅	ゴール	学　校
	4番目			

15点（完答）

学 校 名	男 女	受 検 番 号

2018（H30）　市立札幌開成中等教育学校　Ⅰ

学　校　名

男　女

受　検　番　号

Ｋ 教英出版

(3)

　　　　　　　　　　　　　　　　　　　　　　20点

この冬、札幌でお会いできることを楽しみにしています。

学　校　名	男　女	受　検　番　号

適性検査Ⅱ　解答用紙

※100 点満点

1				
	(1)	1		3点×5
		2		
		3		
		4		
		5		
	(2)	1		3点×5
		2		
		3		
		4		
		5		

適性検査Ⅰ　解答用紙　※100点満点

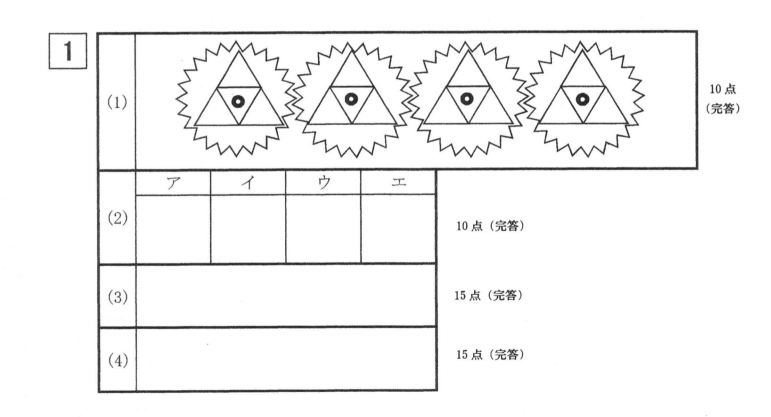

		ア	イ	ウ	エ	
1	(1)					10点（完答）
	(2)					10点（完答）
	(3)					15点（完答）
	(4)					15点（完答）

[解答用

(3)

20点

この冬、札幌でお会いできることを楽しみにしています。

学 校 名	男 女	受 検 番 号

適性検査Ⅱ　解答用紙

※100 点満点

1	(1)	1		3点×5
		2		
		3		
		4		
		5		
	(2)	1		3点×5
		2		
		3		
		4		
		5		

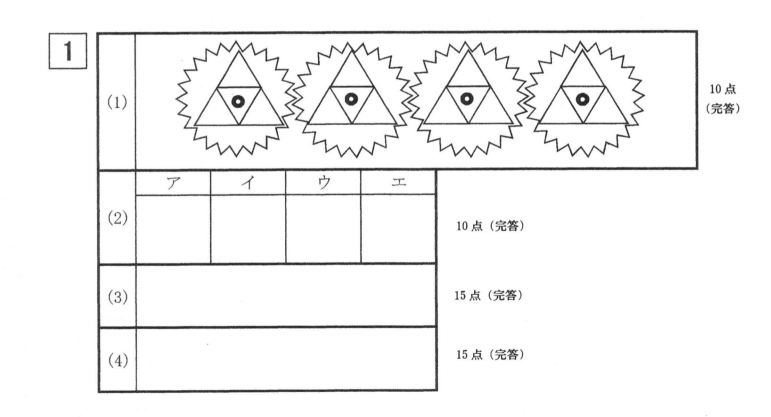

1

(1)　10点（完答）

ア	イ	ウ	エ

(2)　10点（完答）

(3)　15点（完答）

(4)　15点（完答）

(2)

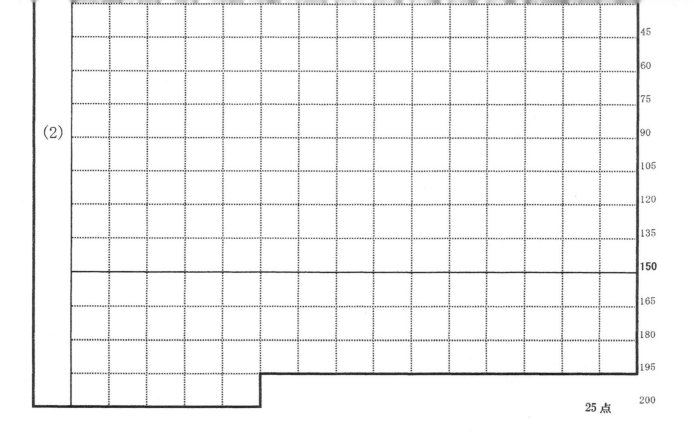

45
60
75
90
105
120
135
150
165
180
195
200

25点

適性検査Ⅱ　解答用紙

2

(1)

5点×5

※◆の印から、横書きで書きましょう。途中で行を変えないで、続けて書きましょう。

※「。」や「、」も1字として数えるので、行の最後で右にますがないときは、ますの外に書いたり、ますの中に文字と一緒に書いたりせず、次の行の初めのますに書きましょう。

◆

平成30年度　市立札幌開成中等教育学校入学者選考

適性検査Ⅰ　解答用紙

2

(1)

	9時		10時		11時		12時		13時		14時		15時		16時	
		30分		30分		30分		30分		30分		30分		30分		30分

のうえん 農園　←→　←→　←→　←→　←→　←→　←→

はくぶつかん 博物館

えき 駅　　←→　昼食（ちゅうしょく）←→

びじゅつかん 美術館

でんぱとう 電波塔

てんぼうだい 展望台

どうぶつえん 動物園

こうえん 公園

15点

※六つの場所のうち一つの場所で矢印に誤りがある場合は10点

※六つの場所のうち二つの場所で矢印に誤りがある場合は5点

ア		イ	
ウ		エ	

5点（完答）

5点（完答）

まことさん：うーん、記録係か。みんなの話を書くのに忙しくて、あまり自分の意見が言えないよね。まあ、でもいいや。私が頑張って記録するから、みんなたくさん意見を出してよ。

かなえさん：よし、それでは話し合いをはじめよう。誰か意見のある人いますか。さくらさん、どうですか。

さくらさん：うーん。

かなえさん：さくらさん、何か意見を言ってくれないと、話し合いが進まないよ。それじゃ、ゆうたさんはどうですか。

ゆうたさん：そうだね、私は「わたし、アナタ、min-na」の部分が、ひらがな、カタカナ、ローマ字と、それぞればらばらの書き方になっているところが気になるんだよね。

かなえさん：確かに。どうして、全部ひらがなじゃないんだろう。まことさんはこの点についてどう思う。

まことさん：うーん、記録していると、なかなか考えられないな。ところで、「min-na」なんだけれど、「n」と「n」の間にある「-」には、どんな意味があるのだろう。

さくらさん：そうだね、「-」も気になるんだけれど、「そのすがたがうれしい」って、おかしな文だよね。

ゆうたさん：なんかみんな、ばらばらなことを話していて、今、何について話し合ったらよいのかが分からなくなってきたよ。

かなえさん：そうだね。じゃあ、話を元に戻そう。私は「わたし、アナタ、min-na」と、その書き方をばらばらにすることで、言葉には様々な表現方法があることを示しているのではないかなと思うんだけれど。

ゆうたさん：おー、さすが声の大きいかなえさん。その意見、きっと正しいと思うよ。

さくらさん：私も、かなえさんが言うならそれでよいと思うよ。

まことさん：みんな、ちょっと待って。かなえさんが言ったから正しいっていうことでよいのかな。

ゆうたさん：まことさん、そんなこと言ったらかなえさんがかわいそうだ。

さくらさん：そうだよ。せっかく、かなえさんが司会をしながら意見を出してくれたのに。かなえさんのことが嫌いなのかい。

まことさん：いやいやとんでもない。そんなことじゃないんだけれど。

かなえさん：じゃあ、とりあえず、前半部分は、私の意見でよいとして、「そのすがたがうれしい」とは、一体、どういうことだと思う。

ゆうたさん：ここは国語が得意な私に任せてほしいな。「そのすがた」とは、様々な表現方法がある日本の文化のことを指していて、「うれしい」とは、私たちがその日本の文化を大切にしていくときの思いを表現しているんだよ。

さくらさん：じゃあ、そのような学校のめあてが実現している学校生活とは、どんなものということになるの。

ゆうたさん：それはつまり、日本の文化を大切にした学校生活ということで間違いないよ。

まことさん：（小さな声で）うーん、何か違うような気もするけれど。

かなえさん：まことさん、何か意見がありますか。

まことさん：いや、特にありません。

さくらさん：それなら、そろそろ結論を出そうよ。なんか疲れてきちゃったし。

かなえさん：そうだね。じゃあ、ゆうたさんの意見が私たちの話し合いの結論ということでよいかな。

ゆうたさん：私は、話し合いをする前からそう考えていたから、当然の結論だと思うよ。よって、賛成だね。

さくらさん：私は、グループの話し合いの結論としては賛成だけれど、私がこの話し合いの結果をクラスで発表するのは自信がないな。

まことさん：私は記録することに夢中になって、ゆっくりと考えることができなかったな。だから今も何となく、頭の中がもやもやしているよ。でも、時間もないから考えるのをやめにして、ゆうたさんの意見に賛成ということにするよ。

-6-

K 教英出版

【適】

かなえさん：それでは結論が出たので話し合いは終わりにしましょう。実は私、自分の意見に自信がなかったんだ。でも、国語が得意なゆうたさんが正しいと言ってくれたからうれしかったよ。話し合いで意見がまとまって本当によかったと思うよ。

(1) ＤＶＤの中で解説していた先生は、このグループでの話し合いには、いくつか改善した方がよい点があると言っていました。あなたなら、どのような課題があると思いますか。下の例にならって、あなたが気づいた点を、他の人に伝わるような文にして五つ書きましょう。

例：グループで話し合うことに意味がないと思っている人がいる。

(2) あなたなら、「一人一人が新たなことを発見できるグループでの話し合いをするにはどうしたらよいか」というテーマについてどのような意見を述べますか。ＤＶＤの中でのグループの話し合いをもとに、あなたの意見をまとめ、文章で書きましょう。
　　なお、次の条件に合わせて書いてください。

条件ア　(1)であなたが考えた課題を必ず一つだけ取り上げてください。

条件イ　条件アで取り上げた課題によって引き起こされるであろう、グループでの話し合いにおける問題点について、具体的に書いてください。

条件ウ　条件イで書いた問題点を改善するための方法について、あなたの考えを具体的な例を示しながら書いてください。

条件エ　文章は、150字以上、200字以内で書いてください。「。」や「、」も1字として数えます。

※下の原稿用紙は下書き用なので、使っても使わなくてもかまいません。解答は、解答
　用紙に書きましょう。

※◆の前から、横書きで書きましょう。途中で行を変えないで、続けて書きましょう。

※「。」や「、」も1字として数えるので、行の最後で右にますがないときは、ますの外に
　書いたり、ますの中に文字と一緒に書いたりせず、次の行の初めのますに書きましょう。

（下書き用）

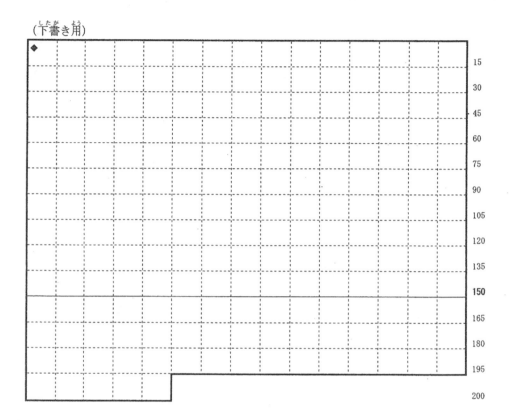

これで、適性検査Ⅱの問題は終わりです。

平成30年度　市立札幌開成中等教育学校入学者選考

適性検査Ⅱ

【適】

適性検査Ⅰ

注　意

1　試験監督の先生の合図があるまで、中を開かないでください。

2　検査問題は、1ページから8ページまであります。

3　解答用紙は、表と裏の両面に解答らんがあります。解答は、全て解答用紙に書きましょう。

4　解答時間は、45分間です。

5　机の上の「受検票」をよく見て、解答用紙に、学校名、男女、受検番号をまちがいのないように書きましょう。

問題用紙のあいている場所は、下書きや
計算などに使用してもかまいません。

ある学校で、ロボットコンテストに応募するために、開成ロボというロボットをつくりました。

この開成ロボは、下の説明資料にあるように、キーボードの操作にもとづいて、

本体に記された矢印（⇧）の方向に移動したり、その場で回転したりします。開成ロボの操作は、キーボードの数字を押して行います。

説明資料　開成ロボの操作とキーボードの数字の関係
●一マス前へ進め…5
●二マス前へ進め…8
●その場で時計回りに90度回転しろ…6
●その場で時計回りに270度回転し、
一マス前へ進め…4
※　時計回りとは右回り（⤵）のこと。

さて、完成した開成ロボを、ロボットコンテストで使う、たて9マス、よこ9マスのフィールド（図1）の中の、たてE、よこオの位置に北向きで置いてみました。

図1

北

　　　ア　イ　ウ　エ　オ　カ　キ　ク　ケ

西　　　　　　　　　　東

南

-1-

次の(1)から(5)の問いに答えましょう。なお、(1)と(3)の問いに答えるにあたっては、キーボードを押す回数が最も少ない場合で答えることとします。また、フィールドの外に出てしまうような操作は、失格になるので行わないものとします。

(1) 開成ロボを図1と同じ下のフィールドの「S地点」（たてE・よこオ）に北向きで置いた場合、「S地点」から「X地点」（たてB・よこオ）を通って「Y地点」（たてB・よこケ）にたどり着くためには、どのようにキーボードを押す必要がありますか。押す順番に数字を並べて書きましょう。

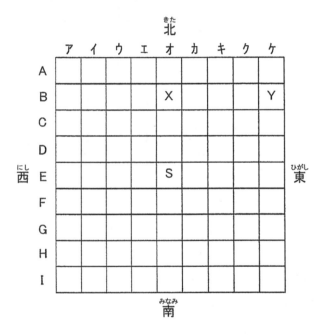

(2) 開成ロボを、(1)と同じフィールドの「S地点」（たてE・よこオ）に北向きで置き、「６８６６５６５４５」とキーボードを押した場合、開成ロボはどこにたどり着くでしょうか。たてA〜I、よこア〜ケの記号を書きましょう。

-2-

(3) 次に、たて9マス、よこ9マスで、■のマスに障害となる壁を設けた新たなフィールド（図2）の「S地点」（たてE・よこオ）に、開成ロボを北向きで置きました。この場合、「S地点」から「X地点」（たてH・よこウ）を通って「Y地点」（たてH・よこカ）にたどり着くためには、どのようにキーボードを押す必要がありますか。押す順番に数字を並べて書きましょう。

図2

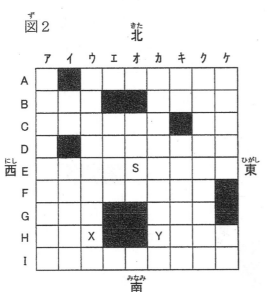

※ フィールド内の■の部分には障害となる壁を設けていて、その中に入ろうとすると壁にぶつかって、開成ロボは前に進むことができないものとします。

(4)　今度は、開成ロボに「ガイア」という新たなプログラムを設定してみました。この新プログラム「ガイア」には、開成ロボが障害となる壁にぶつかったら、時計回りに180度自動回転するとともに、一マス前に進むという、これまでにない機能がついています。この新プログラム「ガイア」を用いて、開成ロボを、(3)と同じフィールドの「S地点」（たてE・よこオ）に西向きで置き（図3）、「8565845」とキーボードを押した場合、開成ロボはどこにたどり着くでしょうか。たてA～I、よこア～ケの記号を書きましょう。

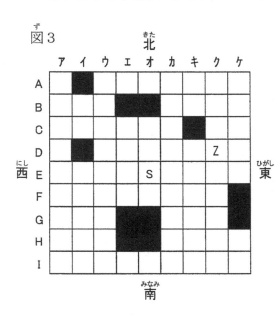

図3

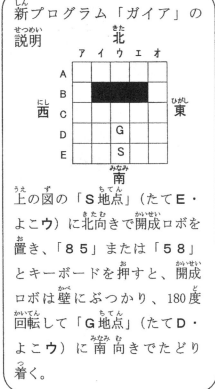

新プログラム「ガイア」の説明

上の図の「S地点」（たてE・よこウ）に北向きで開成ロボを置き、「85」または「58」とキーボードを押すと、開成ロボは壁にぶつかり、180度回転して「G地点」（たてD・よこウ）に南向きでたどり着く。

(5)　次に、(4)と同じく新プログラム「ガイア」を設定して、(4)と同じフィールドで、「85654」とキーボードを押した場合、開成ロボは、図3の「Z地点」（たてD・よこク）に西向きでたどり着きました。さて、始めに、開成ロボをどの位置にどの向きで置いたでしょうか。たてA～I、よこア～ケの記号と東、西、南、北の文字を書きましょう。

-4-

次の文章と会話文をよく読んで、(1)から(6)の問いに答えましょう。

　　ある町内会の子ども祭りでは、会場にかくされたカードを子どもたちに探してもらい、あらかじめ決めておいたルールに基づいて、見つけたカードと文房具を交換するイベントを行うことにしました。

　　子ども祭り当日、会場では、たくさんの子どもたちがカードを探しています。以下は、イベントの内容を紹介する町内会の「お知らせ」と、会場でカードを探している子どもたちの会話です。

子ども祭りイベント開催のお知らせ！！

○会場にかくされているカードを探して、文房具を手に入れよう！

○見つけたカードをプレゼント交換所に持って行くと、文房具と交換できるよ！

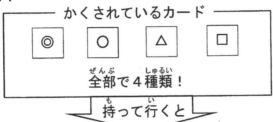

──── かくされているカード ────

全部で4種類！

↓持って行くと↓

プレゼント交換所

文房具をゲット！

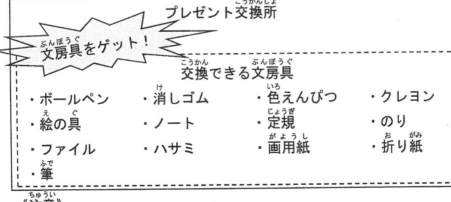

交換できる文房具

・ボールペン	・消しゴム	・色えんぴつ	・クレヨン
・絵の具	・ノート	・定規	・のり
・ファイル	・ハサミ	・画用紙	・折り紙
・筆			

《注意》

※渡すカードの種類と順番でもらえる文房具が決まっているよ！

※カード1枚だけでは交換できないのでがんばって！

※どの文房具も交換できる可能性があるよ！

さあ、文房具をゲットしよう！

北川さん：かくされているカードはたくさんあるらしいよ。1枚だけでは交換できないらしいから、いっぱい見つけよう。

竹内さん：でも、「お知らせ」に書いてある他の《注意》も気になるね。

中西さん：さっき、◎のカードを2枚見つけた人から聞いたんだけど、カードを交換所に持って行ったら、もらえたのは「ボールペン」1つだけだったって。また、①◯、△、□のカードを1枚ずつ持って行った人もいたけど、その人は「筆」を1つだけもらって、最後に渡したカードは返されたって言っていたよ。

竹内さん：そうそう。私の友だちも②△、◎、□のカードを1枚ずつ持って行ったんだけど、もらえたのは「画用紙」1つだけで、やっぱり最後に渡したカードは返されたって。

中西さん：カードの枚数分の文房具がもらえるわけじゃないみたいだね。

山田さん：私は「ボールペン」が欲しいから、◎のカードが2枚あればいいんだよね。そういえば、さっき、カードを4枚持って行った人は文房具を2つもらっていたよ。

北川さん：あ、原田さんだ。文房具を3つ持っているよ。

原田さん：◎と△と□のカードをそれぞれ2枚ずつ見つけたから、今、カードを文房具と交換してきたんだよ。

北川さん：あ、わかった。きっと　ア　枚のカードで1つの文房具がもらえるんじゃないかな。それで、原田さんはどんな文房具をもらったの。

原田さん：私は、「ファイル」と「折り紙」と「色えんぴつ」をもらったよ。

山田さん：あれ。◎のカードが2枚入っているのに、「ボールペン」じゃなかったの。

原田さん：うん。「色えんぴつ」だったよ。

中西さん：そうか。「お知らせ」に書いてあった通り、交換するときに渡すカードの順番が関係しているんじゃないかな。交換

-6-

Ⓚ教英出版

【検査Ⅰ】

するとき、どんな順番でカードを渡したの。

原田さん：最初に□、△の順でカードを渡したら「折り紙」が
　　　　　もらえて、次に◎、△の順で渡したら「色えんぴつ」が
　　　　　もらえて、最後に◎、□の順で渡したら「ファイル」が
　　　　　もらえたよ。

中西さん：ほら、やっぱり順番が関係しているよ。

竹内さん：私は、「画用紙」と「絵の具」と「筆」が欲しいなぁ。
　　　　　どのカードを見つけたらいいんだろう。

中西さん：それなら、どのカードをどんな順番で渡して、何を
　　　　　もらったのかをいろいろな人に聞いてみようよ。

北川さん：さっき聞いた小林さんは、△、□、○、□の順番でカード
　　　　　を渡して交換していたよ。

中西さん：それで、何の文房具をもらっていたの。

北川さん：えっと、確か「ファイル」と「ハサミ」の2つをもらって
　　　　　いたよ。

野口さん：えっ。私も、△、□、○、□の4枚カードを持って行った
　　　　　けど、もらったのは「ハサミ」と「クレヨン」だったよ。

北川さん：あっ、カードを渡す順番が大事みたいだよ。野口さんは、
　　　　　どんな順番でカードを渡したの。

野口さん：私は、□、○、△、□の順番で渡したよ。

中西さん：とすると、ハサミをもらうためには、| イ |、| ウ |の
　　　　　順番でカードを渡さなければならないってことだね。

北川さん：そうか。じゃあ、小林さんと野口さんのもらった文房具
　　　　　から、| エ |と| オ |も、もらう順番がわかったね。

中西さん：他の人はどうなんだろう。聞いてみようよ。

野口さん：私の友だちに聞いてみたら、□と△のカードを2枚ずつ
　　　　　持って行き交換したら、「のり」と「ファイル」をもらった
　　　　　と言っていたよ。

山田さん：私の友だちは、◎、○の順番で「消しゴム」を、△、◎
　　　　　の順番で「のり」をもらったって。

-7-

北川さん：ということは、「ファイル」と「のり」は、カードを渡す順番が1通りとは限らないね。

竹内さん：私の欲しい③「画用紙」と「絵の具」と「筆」を手に入れるためには、最低限必要な6枚のカードのうち、どのマークのカードを何枚ずつ見つければいいのかなぁ。

(1) 　ア　にあてはまる数を書きましょう。

(2) 　イ　と　ウ　にあてはまるカードのマークを、それぞれ書きましょう。

(3) 　エ　と　オ　にあてはまる文房具を、それぞれ書きましょう。

(4) 下線部①について、この人が持っているカードを交換所に持って行くと、「筆」以外にどんな文房具をもらえる可能性がありますか。会話文の内容から確実に言えるものをすべて書きましょう。

(5) 下線部②について、この人が交換所で渡したカードの順番を、カードのマークで書きましょう。

(6) 下線部③について、「画用紙」と「絵の具」と「筆」を手に入れるためには、6枚のカードのうち、どのマークのカードを何枚ずつ見つければよいでしょうか。実際に文房具をもらえる可能性のあるものを1つ考えて、4種類のカードのそれぞれの枚数を書きましょう。

-8-

これで、適性検査Ⅰの問題は終わりです。

適性検査Ⅱ

注　意

1　試験監督の先生の合図があるまで、中を開かないでください。

2　検査問題は、1ページから8ページまであります。

3　解答用紙は、表と裏の両面に解答らんがあります。解答は、全て解答用紙に書きましょう。

4　解答時間は、45分間です。

5　机の上の「受検票」をよく見て、解答用紙に、学校名、男女、受検番号をまちがいのないように書きましょう。

問題用紙のあいている場所は、下書きや計算などに使用してもかまいません。

　山口さんは、冬休みに、雪をテーマとした自由研究を行うことにし、雪に関する疑問をできるだけ考えてみるために、手がかりとなる言葉を決めて、それに対する疑問を、次のページの表にまとめました。

　表をよく見て、(1)から(3)の問いに答えましょう。

手がかりと なる言葉	自分で考えた疑問
美しさ	「美しさ」という言葉を手がかりとして雪について考えると、[例1　なぜ人は雪を美しいと感じるのか]という疑問が生まれた。
色	「色」という言葉を手がかりとして雪について考えると、[例2　なぜ雪は白く見えるのか]という疑問が生まれた。
変化	「変化」という言葉を手がかりとして雪について考えると、[①]という疑問が生まれた。
伝える	「伝える」という言葉を手がかりとして雪について考えると、[②]という疑問が生まれた。
人を集める	「人を集める」という言葉を手がかりとして雪について考えると、[③]という疑問が生まれた。
新たなもの を創り出す	「新たなものを創り出す」という言葉を手がかりとして雪について考えると、[④]という疑問が生まれた。
より良く する	「より良くする」という言葉を手がかりとして雪について考えると、[⑤]という疑問が生まれた。
目に見える もの	「目に見えるもの」という言葉を手がかりとして雪について考えると、[⑥]という疑問が生まれた。
札幌と世界 のつながり	「札幌と世界のつながり」という言葉を手がかりとして雪について考えると、[⑦]という疑問が生まれた。
[⑧]	「[⑧]」という言葉を手がかりとして雪について考えると、[⑨]という疑問が生まれた。

H29. 市立札幌開成中等教育学校 Ⅱ

K 教英出版

【検査Ⅱ】

(1)　あなたなら、どのような疑問を考えますか。**例1と例2**を参考に
　　しながら、表の左側の言葉を手がかりとして、表の空欄［　①　］
　　から［　⑦　］に当てはまる疑問を書きましょう。

(2)　あなた自身で手がかりとなる言葉を1つ決めて疑問を考えると
　　したら、どのように考えますか。表の空欄［　⑧　］に手がかり
　　となる言葉を書き、それに対する疑問を、表の空欄［　⑨　］に
　　書きましょう。

(3)　山口さんは、表の疑問を1つ選んで、友人の中村さんに、なぜ、
　　手がかりとなる言葉からそれに対する疑問が生まれたのかを、
　　山口さん自身が見たり感じたりなどした体験と結びつけて、具体的
　　に説明することになりました。
　　　さて、あなたなら、どのように説明しますか。
　　　あなたが答えた表の疑問を1つ選んで、その疑問を紹介
　　しながら、あなた自身が見たり感じたりなどした体験と結びつけて、
　　手がかりとなる言葉からその疑問が生まれた理由を、具体的に説明
　　する文章を書きましょう。

問題は、次のページに続きます。

学 校 名	男女	受 検 番 号

	札幌と世界のつながり	⑦		
(2)	⑧	⑨		5点 ※完答
(3)				10点

学 校 名	男 女	受 検 番 号

(2)

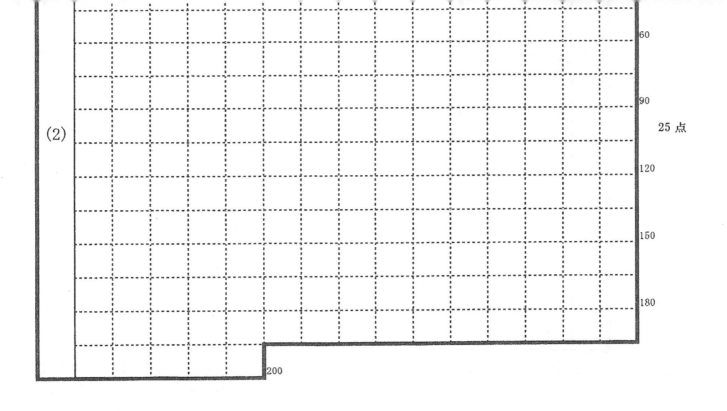

60

90

25 点

120

150

180

200

適性検査Ⅱ　解答用紙

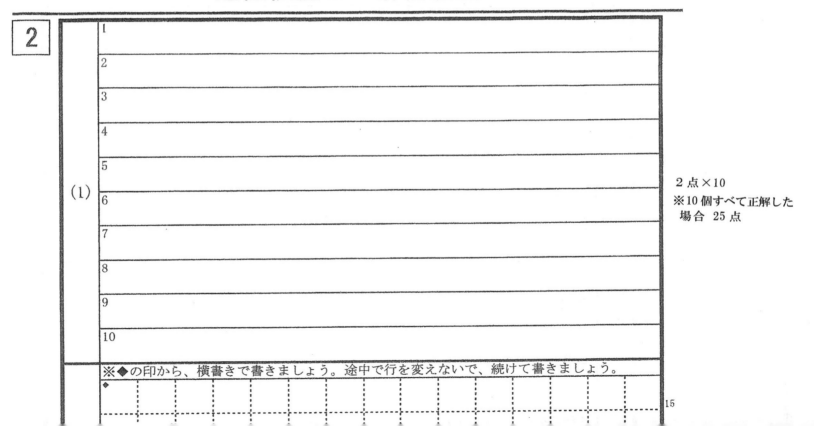

2

(1)

1
2
3
4
5
6
7
8
9
10

2点×10
※10個すべて正解した
　場合　25点

※◆の印から、横書きで書きましょう。途中で行を変えないで、続けて書きましょう。

◆

15

適性検査Ⅱ　解答用紙

※100点満点

1		手がかりと なる言葉		自分で考えた疑問	
		変化	①		
		伝える	②		
		人を集める	③		5点×7
	(1)	新たなもの を創り出す	④		
		より良くする	⑤		
		目に見える	⑥		

適性検査Ⅰ　解答用紙

2						
(1)	ア					5点
(2)	イ			ウ		5点 ※完答
(3)	エ			オ		5点×2
(4)	「筆」以外の文房具					10点 ※完答
(5)		→		→		10点

適性検査Ⅰ　解答用紙

※100点満点

1			
(1)	押す順番　────────────→		10点
(2)	たて　　　　　　　　　　・　　　よこ		10点 ※完答
(3)	押す順番　────────────→		10点
(4)	たて　　　　　　　　　　・　　　よこ		10点 ※完答
(5)	たて　　　　　　　　　　・　　　よこ		10点

【解答用紙

下のイラストは、山本さんのクラスの本棚です。このイラストと、あとに続く会話文をよく読んで、(1)と(2)の問いに答えましょう。

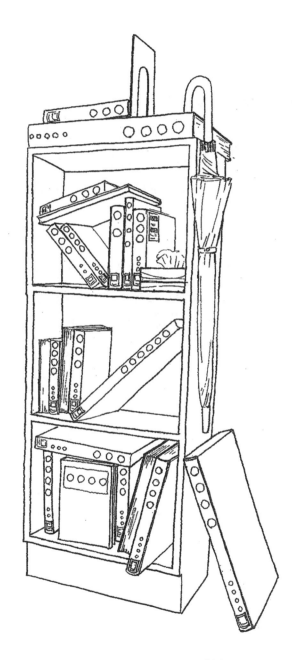

※　本の題名や著者名などは〇で表しています。

山本さん：私たちのクラスで人気の高い本のベスト３を調べたら、
『マナビーの冒険』『カイ星語の学び方』『開成ロボ入門』
の３冊だったね。

大西さん：そうだね。今度読んでみようかな。あれ、人気の３冊は、
本棚のどの位置にあるのかな。えーと、『マナビーの冒険』
は、横積みになっているけど、一番上の棚にあるね。残りの
２冊はどこにあるのかな。

山本さん：本の題名が見えないしまい方をしている本もあるから、
すぐにどれがどの本かわからないね。探してみるね。あった。
真ん中の棚に『開成ロボ入門』があるのを見つけたよ。

大西さん：じゃあ、『カイ星語の学び方』も丁寧に探したらみつかるね。
きっと。

(1) イラストや会話文から、山本さんのクラスの本棚には、本棚と
して利用するために、改善した方がよい問題点があると考えられ
ます。あなたは、この本棚にはどのような問題点があると
思いますか。下の例にならって、あなたが気づいた問題点を、他の
人に伝わるような文にして、１０個書きましょう。

例：本棚の外側に本が立てかけられている。

(2) 山本さんのクラスでは、みんなで話し合って、本棚として利用
するための改善をするために、みんなで意見を出し合うことになり
ました。あなたなら、どのような問題点をどのように改善しますか。
山本さんのクラスの人たちに改善案を説明する文章を書きましょう。
なお、次の条件に合わせて書くようにしてください。

K 教英出版
【検査Ⅱ】

条件ア　(1)であなたが取り上げた問題点を1つだけ書いてください。

条件イ　条件アで取り上げた問題点の何が問題なのか、その理由を書くようにしてください。

条件ウ　条件イで書いた理由を踏まえて、問題点を改善するための方法について、具体的な例を示しながら書くようにしてください。

条件エ　文章は、150字以上、200字以内で書いてください。「。」や「、」も1字として数えてください。

※下の原稿用紙は下書き用なので、使っても使わなくてもかまいません。解答は、解答
　用紙に書きましょう。

※◆の印から、横書きで書きましょう。途中で行を変えないで、続けて書きましょう。

（下書き用）

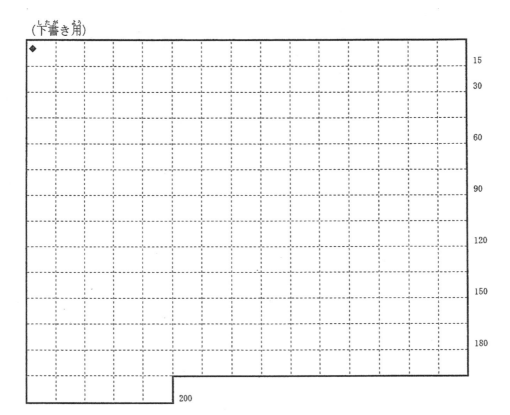

これで、適性検査Ⅱの問題は終わりです。

平成29年度　市立札幌開成中等教育学校入学者選考
適性検査Ⅱ

K 教英出版

適性検査Ⅰ

注　意

1　試験監督の先生の合図があるまで、中を開かないでください。

2　検査問題は、1ページから8ページまであります。

3　解答用紙は、表と裏の両面に解答らんがあります。解答は、全て解答用紙に書きましょう。

4　解答時間は、45分間です。

5　机の上の「受検票」をよく見て、解答用紙に、学校名、男女、受検番号をまちがいのないように書きましょう。

ヤスオはカイ星語に夢中ですが、トナは遊びたいようです。

トナ　：＜ネ　ミミ　ヨリ　ワソ　イ＞
ヤスオ：＜ネ＞というのは、相手を誘うときの言葉なんだね。＜ネ＞の
　　　　後に自分と相手を表す言葉を入れたら「～しよう」になるんだ。
　　　　じゃあ、「また遊ぼう。」はどう言ったらいいの。
トナ　：＜ネ　ミミ　ヨリ　ワソ　トトテ　イ＞
ヤスオ：「また」を表す＜トトテ＞は、＜ワソ＞の後にくるんだ。じゃ
　　　　あ、「私はまじめに勉強する。」は＜ミミ　スコロ　ローゼ＞
　　　　だね。
トナ　：＜ミミ　スコロ　ローゼ　イ＞
ヤスオ：そうだった。つい、最後に＜イ＞をつけるのを忘れちゃうな。
　　　　気を付けなくちゃ。

　　　ヤスオはトナと楽しい日々を過ごしていましたが、ついに別れのとき
がやってきました。トナはカイ星に戻らなくてはなりません。

トナ　：＜ミミ　ガオ　カイ　イ＞　＜ミミ　ホーホー　タコミ　イ＞
ヤスオ：私もゲームが好きだったよ。元気でね、トナ。最後にカイ星語
　　　　で言うよ。＜　　ウ　　＞　お別れの言葉になったかな。

(1) 　　アに「私は仕事が好きではありません。」という意味のカイ星語を書きましょう。

(2) 　下線部①の＜バ　ヨリ　ワソ　ノ＞の意味を日本語で書きましょう。

(3) 　下線部②にある「きまり」とはどのようなことでしょうか。「動きを表す言葉」、「ものを表す言葉」のそれぞれについて書きましょう。

(4) 　　イに「新しい遊び」という意味のカイ星語を、２つの言葉で書きましょう。また、言葉の順番を考えるときに参考にしたカイ星語を、本文中から抜き出して、２つの言葉で書きましょう。

(5) 　　ウに、本文中から読み取れるカイ星語のきまりを使って、カイ星語の文を書きましょう。また、その意味を日本語で書きましょう。さらに、使ったカイ星語の文のきまりを１つ選んで、その説明を書きましょう。
　　なお、カイ星語の文は、本文中に出てきた言葉を用いて書くこととしますが、＜ミミ　ホー　ラミ　イ＞のように、本文中の文をそのまま用いることはできません。

-4-

ひろし　：はかり終わったけど、この荷物全部入るかなあ。

お父さん：考えなきゃいけないことは、大きさだけじゃないよ。やわら
　　　　　かいものの上に重いものを置かない方がいいね。

あかね　：こんな大きなバーベキューグリルセットを駐車場から運ぶ
　　　　　のは、大変そうだなあ。

お父さん：今回はテントをたてる場所のすぐとなりに駐車できるから、
　　　　　心配ないよ。

あかね　：よかった。でもちょっと待って。収納スペースの幅が140cm
　　　　　で、バーベキューグリルセットの幅が130cmでしょ。車が揺
　　　　　れたら横にずれて、不安定になったりしないかな。

お母さん：バーベキューグリルセットの横にはタオルセットを置くとい
　　　　　いんじゃない。あと、保冷剤やお肉などの食材をクーラーボ
　　　　　ックスに入れて車に積み込むのは、今夜じゃなくて明日の朝
　　　　　だね。

あかね　：洗面道具も明日積みたいな。朝に使うものもあるから。着替
　　　　　えなどと一緒にトランクに入れよう。

お父さん：キャンプ場に行く途中で買う炭を積み込むスペースを、忘れ
　　　　　ずに空けておこう。

ひろし　：キャンプ場に着いたら、まず火をおこすんだよね。

お父さん：いやいや、暗くなってからテントをたてるのは大変だから、
　　　　　まずはテントだ。テントをたてて、荷物を降ろして、それか
　　　　　ら火おこしだ。

お母さん：そうだ。キャンプから帰るとき、わき水で有名なところを通
　　　　　るでしょ。そこのお水をくんで家に持ち帰りたいなあ。その
　　　　　水でご飯をたくとおいしいのよ。確か、その場所で水のタン
　　　　　クも買えるはずよ。

ひろし　：ちょっと待って、お母さん。水のタンクを積むスペースなん
　　　　　かないと思うよ。

お父さん：ア大丈夫だよ。帰りにはスペースができるはずだよ。

(1) 子どもたちが大きさをはかったすべての荷物を収納スペースに積み込むとした場合、気を付けなければいけないことは、どんなことでしょうか。会話文中から読み取れることを、すべて書きましょう。

(2) 下の絵は、小川さんの家族の車を後ろ側から見たものです。子どもたちが大きさをはかったすべての荷物を収納スペースに積み込むとした場合、前日のうちに積める荷物を積み込んだ状態と、キャンプ当日の朝にすべての荷物を積み込んだ状態のそれぞれについて、例にならって、車の後ろ側から見た図に表しましょう。

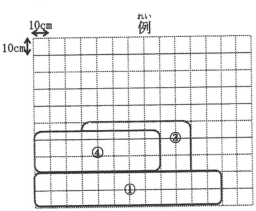

※見えているはずの荷物は、すべて図に表しましょう。

※①、③、④の番号は、それぞれ荷物の番号を表します。

(3) 下線部アで、お父さんはなぜそのように言ったと考えられますか。会話文をもとにして考えられることを書きましょう。

ただし、現地で買える水のタンクは、幅30cm、奥行30cm、高さ30cmのもので、車の収納スペースに積むこととします。

-8-

適性検査Ⅱ

注　意

1　試験監督の先生の合図があるまで、中を開かないでください。

2　検査問題は、1ページから8ページまであります。

3　解答用紙は、表と裏の両面に解答らんがあります。解答は、全て解答用紙に書きましょう。

4　解答時間は、45分間です。

5　机の上の「受検票」をよく見て、解答用紙に、学校名、男女、受検番号をまちがいのないように書きましょう。

のチームを同じ人数で組むことができなくなっちゃうんじゃないかな。

よしこ：それなら、私たちの考えを山田コーチにお話しして、山田コーチに札を読んでもらえないかどうかも相談してみようかな。さとしさん、この相談ならしてもいいよね。

さとし：そうだね。じゃあ、お願いするよ。

あきら：他に考えておくことはないかな。

よしこ：そうだね。チームの決め方も考える必要があるね。

かつや：それは、私たちで話し合って決めていいんだよね。

さとし：そうだね。みんなが納得できる方法を考えることにしよう。そうそう、山田コーチから、お楽しみ会に使える時間は2時間までと言われているから、この時間で全部終われるかどうかも、私たちで確認しなくちゃね。

(1)　さとしさんが山田コーチから守るように言われている約束ごとは、どのようなことでしょうか。会話文中から判断できることを、すべて書きましょう。

(2)　よしこさんが実際に山田コーチに相談することになったのは、どのようなことでしょうか。会話文中から判断できることを、すべて書きましょう。

(3)　会話文中の　| ア |　に当てはまるように、最終的にまとまったみんなの意見をすべて取り入れながら、さとしさんが提案した内容を書きましょう。

(1) 次の表は、電車に網棚がある場合とない場合のそれぞれについて、駅員や乗客たちの発言をまとめた表です。

　　表の中の（① [　]　　　　　　　　 ）から（⑤ [　]　　　　　 ）に、AからEの駅員や乗客たちの発言から考えて、「[D]荷物を置ける。」のように、発言者とその発言の内容を書きましょう。

	電車に網棚あり	電車に網棚なし
長所	[D] 荷物を置ける。 （① [　]　　　　　　　　 ）	（② [　]　　　　　　　　 ）
短所	（③ [　]　　　　　　　　 ） （④ [　]　　　　　　　　 ）	[A] 荷物を置けない。 （⑤ [　]　　　　　　　　 ）

(2) あなたは、電車には網棚がある方がよいと思いますか。それとも、ない方がよいと思いますか。どちらの考えがよいのかについて、あなた自身の立場を明らかにして、自分の考えを他の人に伝える文章を書きましょう。

　　また、次の条件に合わせて書くようにしてください。

条件ア　どちらの考えがよいのかについて、必ず書くようにしてください。

条件イ　AからEの駅員や乗客たちの発言の中から、あなた自身の立場を強くすると思われる発言の内容を1つ取り上げてください。

条件ウ　AからEの駅員や乗客たちの発言の中から、あなた自身の立場を弱くすると思われる発言の内容を1つ取り上げて、さらに、それに対してあなたが考えた解決方法を示してください。

条件エ　文章を短くするのはかまいませんが、どんなに長くても、200字以内で書いてください。「。」や「、」も1字として数えてください。

※下の原稿用紙は下書き用なので、使っても使わなくてもかまいません。解答は、解答
　用紙に書きましょう。

※◆の印から、横書きで書きましょう。途中で行を変えないで、続けて書きましょう。

（下書き用）

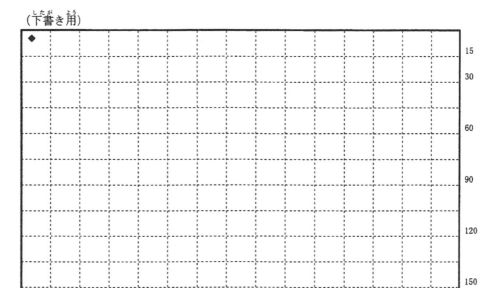

教英出版

適性検査 I　解答用紙

※100 点満点

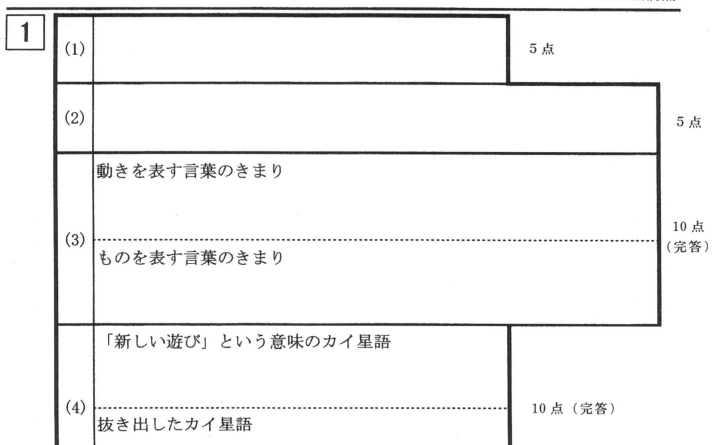

1

(1) ——— 5 点

(2) ——— 5 点

(3)
動きを表す言葉のきまり

ものを表す言葉のきまり

10 点
（完答）

(4)
「新しい遊び」という意味のカイ星語

抜き出したカイ星語

10 点（完答）

適性検査Ⅰ　解答用紙

2

(1)

5点×5

前日のうちに積める荷物を積み込んだ状態

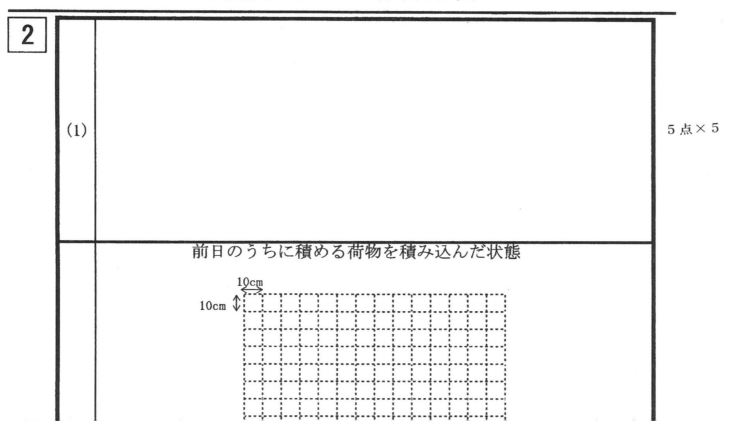

適性検査Ⅱ　解答用紙

※100点満点

1		
(1)		5点×3
(2)		5点×2

適性検査Ⅱ　解答用紙

2

(1)	①	[　　　]
	②	[　　　]
	③	[　　　]
	④	[　　　]
	⑤	[　　　]

5点×5

※◆の印から、横書きで書きましょう。途中で行を変えないで、続けて書きましょう。

◆

15

(2)

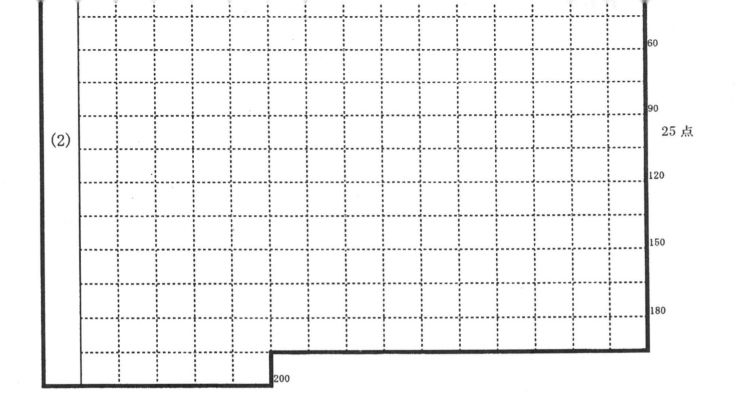

60

90

25 点

120

150

180

200

(3)

学 校 名	男 女	受 検 番 号

(2)

当日の朝にすべての荷物を積み込んだ状態

10cm

10cm

(3)

5 点

カイ星語の文

10 点
（完答）

文の意味

(5)
使ったカイ星語の文のきまりの説明

10 点

学　校　名	男　女	受　検　番　号

これで、適性検査Ⅱの問題は終わりです。

次の発言は、電車の網棚についての声をまとめたものです。よく読んで、(1)と(2)の問いに答えましょう。

駅員A：私たちの会社では、お客様が電車に乗っている時間が短いので、電車に網棚を設けていません。荷物は置けませんが、お客様の荷物の置き忘れが少ないので助かります。

乗客B：私がいつも利用している電車には網棚がありますが、そこに荷物を置いたことはありません。私は網棚に手が届かないので、荷物を置きたくても置けません。

駅員C：電車が混んでいるときには、荷物を座席に置かずに、電車に設けている網棚に置いていただくようお客様にお願いし、より多くのお客様にお座りいただけるようにしています。

乗客D：私が普段利用している電車には網棚があり、荷物を網棚に置くことができて便利です。ところが、旅行先でたまたま乗った電車で、網棚がないことに気付かず、いつもどおり荷物を置こうとして、危なく荷物を座席の上に落としそうになりました。

乗客E：私が利用する電車には網棚がありますが、決して利用することはありません。なぜなら、以前、大切な荷物を置き忘れてしまったからです。

2

　私たちが利用する電車をよく見ると、網棚（荷物を置くための棚）
のある電車とない電車があります。

網棚のある電車　　　　　　　　　　**網棚のない電車**

網棚

Bチーム、Cチームとは同時に対戦をして、次に、それぞれの勝ったチームどうしで対戦をして、優勝チームを決めましょう。そして、優勝したチームの人たちに何か賞品を用意するというのはどうかな。

さとし：今の提案をどう思いますか。

あきら・よしこ：いいと思います。

かつや：私は、優勝したチームの人たちだけではなく、全員に何か当たるほうがいいと思うよ。

ともみ：それなら、優勝したチーム以外の人たちにも賞品をあげることにして、優勝したチームの人たちには、それより高い値段の賞品をあげたらどうかな。

かつや：それならいいよ。

あきら：じゃあ、みんなに賞品を買うのなら、3,500円を余らせずにすべて賞品に使うことにしよう。

ともみ：それでいいけれど、もちろん、同じチームの人たちには同じ値段の賞品をあげることでいいよね。

さとし：じゃあ、ここまでの意見をまとめて、私からお金の使い方について提案します。

ア

あきら：そのような値段の決め方なら、ちょうど3,500円になるね。

かつや：でも、山田コーチには何もあげなくていいのかな。

よしこ：じゃあ、お楽しみ会のために使えるお金を増やしてもらえるように、私が山田コーチに相談してみるね。

さとし：それはよくないと思うよ。山田コーチとの約束を守らないことになっちゃうよ。

よしこ：そうだったね。

あきら：じゃあ、さとしさんの提案どおりで決めよう。

かつや：ところで、札を読む人はどうしようか。私たちから出すことにしようか。

ともみ：でも、私たちの中から札を読む人を出してしまうと、すべて

-2-

Ｋ教英出版

　さとしさんが活動するスポーツ少年団では、今度の休日にお楽しみ会をすることになっています。さとしさんは、この少年団を指導している山田コーチから、お楽しみ会の計画を立ててほしいと頼まれました。そこで、同じ少年団で活動する、あきらさん、よしこさん、かつやさん、ともみさんとともに、5人で話し合いをすることにしました。次の会話文はそのときの様子です。

　この会話文をよく読んで、(1)から(3)の問いに答えましょう。

さとし：それでは話し合いをはじめます。山田コーチからは、お楽しみ会についていくつかの約束ごとを言われています。それらを守りながら計画を立てようと思います。いいですか。

あきら・よしこ・かつや・ともみ：分かりました。

ともみ：山田コーチはどのようなことを言っていたの。

さとし：まず、私たちの小学校の教室を借りているので、お楽しみ会はそこでするように言っていました。

あきら：それなら、何かゲームをしようよ。

かつや：そうだね。例えば、チームを組んでみんなで楽しめる百人一首大会なんかどうだろう。教室なら2つの対戦を同時に行えるよ。

よしこ：いい考えだね。

さとし：でも、お楽しみ会のために使えるお金は3,500円までと山田コーチから言われているから、百人一首の札は買えないと思うよ。

よしこ：じゃあ、学校にある百人一首の札も借りられるかどうか、後で山田コーチに相談してみるね。

あきら：それじゃあ、3,500円は何に使おうか。

ともみ：私たちの少年団の人数は28人だから、山田コーチを除いて私たちだけで4チーム作るのがちょうどいいね。Aチームと

これで、適性検査Ⅰの問題は終わりです。

（次の図は、子どもたちが大きさをはかったすべての荷物です。）

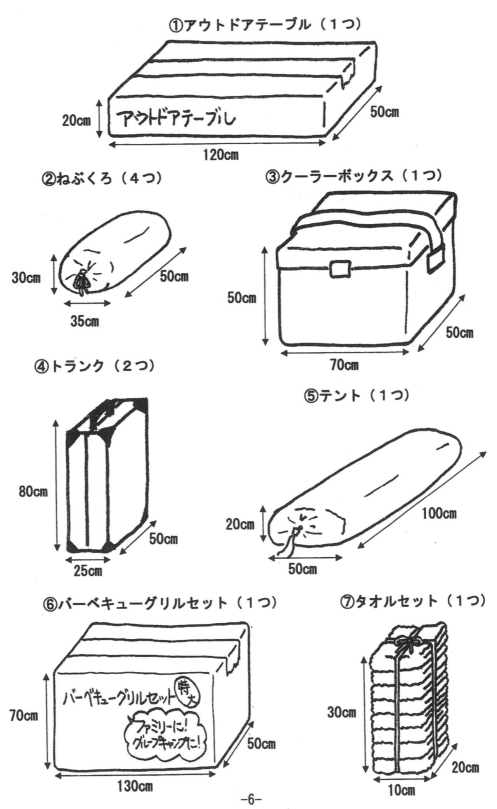

①アウトドアテーブル（1つ）
20cm
120cm
50cm
アウトドアテーブし

②ねぶくろ（4つ）
30cm
35cm
50cm

③クーラーボックス（1つ）
50cm
70cm
50cm

④トランク（2つ）
80cm
25cm
50cm

⑤テント（1つ）
20cm
50cm
100cm

⑥バーベキューグリルセット（1つ）
バーベキューグリルセット 特大
ファミリーに！
グループキャンプに！
70cm
130cm
50cm

⑦タオルセット（1つ）
30cm
10cm
20cm

H28. 札幌開成中等教育学校　I
K 教英出版

小川さんの家族では、明日のキャンプの準備について話をしています。よく読んで、(1)から(3)の問いに答えましょう。

お父さん：さあ、いよいよ明日はキャンプだ。

ひろし　：やったあ。

お父さん：明日は早起きだ。今夜はしっかり寝ておこう。

お母さん：お父さんは朝が弱いのに大丈夫なの。最初は私が運転するね。

お父さん：頼もしいな、お母さん。ところで、明日の朝あわてないように、今夜のうちに荷物を車に積み込もう。

あかね　：えっ、今から荷物を積むの。明日の朝じゃいけないの。

お母さん：荷物がたくさんあるからね。明日の朝でなくてもいいものは、今夜、先に積みましょう。もちろん、明日の朝、積み直すことになったら意味がないからね。

お父さん：うちの車の荷物の収納スペースの大きさは、幅140cm、奥行100cm、高さ100cmだね。

お母さん：座席の足元に荷物を置くのはやめましょう。長時間のドライブになるんだから。

お父さん：分かっているよ。収納スペースだけに積み込もう。ひろし、あかね、荷物の大きさをはかってみてくれないか。

ヤスオはカイ星語を覚えるのが楽しくなってきました。そこでヤスオは、覚えたカイ星語の言葉をノートにまとめてみました。

日本語	カイ星語	日本語	カイ星語	日本語	カイ星語
食べる	テコ	忘れる	サロ	新しい	ノワ
食べもの	テキ	会う	ミメント	楽しい	ピノワ
働く	ドノオ	友達	シェリ	うれしい	サトーワ
仕事	ドノイ	また	トトテ	まじめに	ローゼ
戻る	ガオ	難しい	デシゾワ	勉強する	スコロ

ヤスオ：へえ、「食べる」が＜テコ＞で「食べもの」が＜テキ＞か。また、「働く」が＜ドノオ＞で「仕事」が＜ドノイ＞なんだ。②どうやら、動きを表す言葉と、ものを表す言葉には、それぞれきまりがあるようだね。そうすると、「新しい遊び」を意味するカイ星語は、＜　イ　＞だね。

-2-

次の文章と会話文をよく読んで、(1)から(5)の問いに答えましょう。

ある日、ヤスオはカイ星という星から来た宇宙人のトナと出会いました。ヤスオとトナは、少しずつ仲良くなっていきました。トナは特殊な力でヤスオの日本語が分かりますが、ヤスオはトナのカイ星語が分かりません。しかし、身振り手振りでコミュニケーションをとっているうちに、ヤスオはトナのカイ星語が少しずつ分かるようになってきました。

ヤスオは、これまでに分かった日本語の文とカイ星語の文との関係をノートに書いてみました。

なお、カイ星語は＜　＞で表すものとします。

私 はトナです。＝＜ミミ　トナ　イ＞
私 はあなたが好きです。＝＜ミミ　ホー　ヨリ　イ＞
私 は本が好きです。＝＜ミミ　ホー　ラミ　イ＞
私 は難しい本は好きではありません。＝＜ミミ　ホー　デシゾワ　ラミ　ヌ＞
私 は本が好きでした。＝＜ミミ　ホーホー　ラミ　イ＞
あなたは本が好きですか。＝＜ヨリ　ホー　ラミ　ノ＞
あなたは何が好きですか。＝＜バ　ヨリ　ホー　ノ＞

ヤスオ：トナは、私たちについて調べる仕事で地球に来たんだね。ところで、トナは仕事が好きかい。

トナ　：＜　　ア　　＞　＜ミミ　ホー　タコミ　イ＞

ヤスオ：そうか。「仕事」は＜ドノイ＞なんだね。それにしても、トナは私が教えてあげたゲームが好きなんだね。よし、今度はカイ星語で質問してみるよ。ええと、①＜バ　ヨリ　ワソ　ノ＞

トナ　：＜ミミ　ワソ　タコミ　イ＞

ヤスオ：あはは。よほどゲームをして遊ぶのが好きなんだね。

適性検査Ⅰ

注　意

1　試験監督の先生の合図があるまで、中を開かないでください。

2　検査問題は、1ページから8ページまであります。

3　解答用紙は、表と裏の両面に解答らんがあります。解答は、全て解答用紙に書きましょう。

4　解答時間は、45分間です。

5　机の上の「受検票」をよく見て、解答用紙に、学校名、男女、受検番号をまちがいのないように書きましょう。

はなこさん：でも、あのとき自分がマナビーだったら、最初に　ク　の
呪文を唱え、次に　ケ　の呪文を唱えたと思うわ。

ジョンくん：そうだね。その方法でも、花と岩は全部オオカミになるね。

ローラさん：マナビーも格好いいけど、わたしはジューノ仙人も好きだわ。

たろうくん：確かにそうだね。物語の最後のほうで、ジューノ仙人が
登場して、　コ　を　サ　に変える呪文Sという新しい
秘密の呪文を教えてくれたから、花畑からたくさんのオオ
カミが出てきておそわれそうになったとき、花とオオカミの
両方を岩に変えて逃げることができたし、岩山からオオカ
ミが出てきたときは、岩とオオカミの両方を花に変えて、
無事に逃げることができたよね。もし、Sの呪文を知らなか
ったら、この2つの困難を、それぞれたった2つの呪文を唱
えるだけで乗り越えることはできなかったよね。さすが、ジ
ューノ仙人。

はなこさん：早く、続編が読みたいわ。

(1)　ア　にはどの呪文が入るでしょうか。呪文A〜Hの中から選びま
しょう。

(2)　イ　、　ウ　、　エ　には、C、F、Gの呪文が1回ずつ入りま
す。それぞれどの呪文が入るでしょうか。2通りの方法を考え、それ
ぞれ呪文C、F、Gの記号で答えましょう。

方法1：　イ　、　ウ　、　エ

方法2：　イ　、　ウ　、　エ

(3) ┃ オ ┃、┃ カ ┃、┃ キ ┃には、それぞれどの呪文が入るでしょうか。
呪文A〜Hの中から選びましょう。また、それらの呪文による変化の
様子を、解答用紙の①、②のらんに書きましょう。

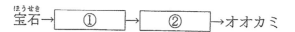

宝石→┃ ① ┃→┃ ② ┃→オオカミ

(4) ┃ ク ┃、┃ ケ ┃には、それぞれどの呪文が入るでしょうか。呪文A
〜Hの中から選びましょう。

(5) ┃ コ ┃、┃ サ ┃には、それぞれどのような言葉が入るでしょうか。
言葉で書きましょう。
　また、下線部に書かれている「2つの困難」を乗り越えるために、
Sの呪文を、他の呪文とどのように組み合わせて順に唱えるとよいで
しょうか。それぞれの困難に対して、呪文の唱え方を文章で書きまし
ょう。

-4-

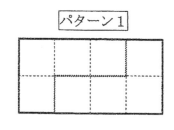

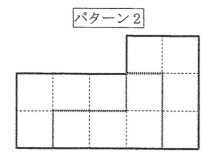

（作業中）

たろうくん：本当だ。たて７マス、よこ７マスの正方形ができた。という
　　　　　　ことは、さらに、この周りに パターン１ と パターン２ をいく
　　　　　　つかおいていけば、たて ア マス、よこ ア マスの
　　　　　　正方形もつくれるんだね。つまり、たてもよこも奇数のマス
　　　　　　の正方形は、どんどん大きなものをつくることができるのか
　　　　　　な。あれ。でも、この方法だけでは、つくることができない
　　　　　　奇数のマスの正方形もあるよ。例えば、たて イ マス、よ
　　　　　　こ イ マスの正方形の場合は、どうすればいいんだろう。

お父さん　：それは、たて５マス、よこ５マスの正方形をさっきつくった
　　　　　　から、その周りに パターン１ と パターン２ をいくつかおけば、
　　　　　　すぐにできるよ。

たろうくん：そして、同じようにどんどん大きくしていけばいいんだ。こ
　　　　　　れで、たてもよこも奇数のマスの数の正方形は、タイルＡを
　　　　　　１枚とタイルＢを何枚か使えば必ずつくることができるね。

お父さん　：さて、そこで庭に、タイルＡとタイルＢをしきつめようと思
　　　　　　うんだけど、タイルＡとタイルＢは何枚必要だろう。

たろうくん：タイルＡを何枚使ってもいいの。

お父さん　：実は、タイルＡとタイルＢは材質が違っていて、タイルＡの
　　　　　　方がタイルＢより値段が高いので、タイルＡの枚数は一番少
　　　　　　ない枚数にしたいんだ。

たろうくん：わかったよ。⑤「庭の計画図」を見て、お父さんの考えに合
　　　　　　うように枚数を考えるよ。

お父さん　：ありがとう。では、これが「庭の計画図」だよ。

そう言って、お父さんは、たろうくんに「庭の計画図」を渡しました。

「庭の計画図」

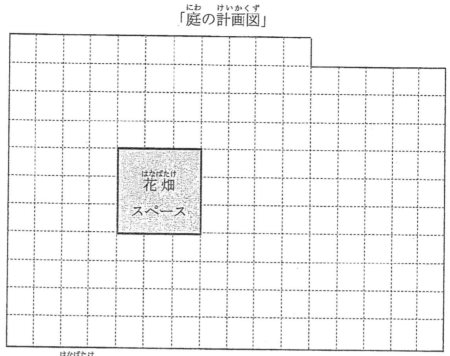

※ただし、花畑スペースにはタイルはしきません。

(1) 下線部①について、どのように組み合わせると、たて5マス、よこ5マスの正方形になるでしょうか。実際に解答用紙に描きましょう。

(2) 下線部②について、たて4マス、よこ4マスの正方形が、タイルA1枚とタイルBを何枚か使ってつくれない理由を書きましょう。

(3) （ ③ ）に当てはまる言葉を書きましょう。

(4) 下線部④について、パターン1とパターン2をどのように組み合わせると、たて7マス、よこ7マスの正方形になるでしょうか。実際に解答用紙に描きましょう。

(5) たろうくんとお父さんの会話の空らん　ア　と　イ　に当てはまる数字を答えましょう。

(6) 下線部⑤について、タイルAの枚数とタイルBの枚数を、それぞれ答えましょう。

適性検査Ⅱ

注　意

1　試験監督の先生の合図があるまで、中を開かないでください。

2　検査問題は、1ページから8ページまであります。

3　解答用紙は、表と裏の両面に解答らんがあります。解答は、全て解答用紙に書きましょう。

4　解答時間は、45分間です。

5　机の上の「受検票」をよく見て、解答用紙に、学校名、男女、受検番号をまちがいのないように書きましょう。

---

(3)　ここでまた、クラスのみんなから次のような感想や意見が出ました。

「かかった時間の短さときれいさでは1位が違うね。」

「かかった時間の短さときれいさの両方をみて表彰する班を決めるべきだよ。」

「比較しやすいようにグラフにしてみたらどうだろう。」

　そこでともみさんは、ゴミ拾いにかかった時間の短さの合計と「きれいさ」の点数の合計のそれぞれについて、1位6点、2位5点、3位4点、4位3点、5位2点、6位1点の得点を各班に与えて、それらを合計したグラフをつくることにしました。

　1班のグラフの書き方を参考にして、解答用紙のグラフを完成させましょう。

　また、この場合、もっとも得点が高くなるのはどの班になりますか。班の番号で答えましょう。

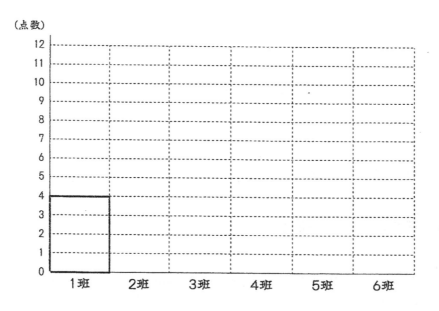

(4)　グラフを見たクラスのみんなから、さらに次のような２つの意見が出ました。

「せっかくゴミ拾いにかかった時間の短さの合計やきれいさの合計で１位になったのだから、１位の班の得点はもっと高くしてもいいんじゃないかな。」

「ゴミ拾い活動をすることの意味を考えて、同じ１位でも、ゴミ拾い活動にかかった時間の短さよりも、きれいさで１位になった班の方がより高得点になるようにすべきだよ。」

　ともみさんは、今までの話し合いで出てきた意見やグラフをつくったときの考え方をもとに、上の２つの意見も取り入れて、これまでの５回のゴミ拾い活動を得点化し、もっとも得点の高かった班を表彰するしくみを、あらためてみんなに説明しました。

　ともみさんになったつもりで、ゴミ拾い活動を得点化し、もっとも得点の高かった班を表彰するしくみの説明を、解答用紙に書きましょう。

　また、そのしくみで表彰されるのはどの班になりますか。班の番号で答えましょう。

ルしたわよね。

お母さん：ええ、見たわ。

子ども　：そこで、みんなでボール遊びをしていたら、さとしくんのけっ
　　　　　たボールが田中さんの家に当たってしかられたの。「家にボー
　　　　　ルを当てちゃだめじゃないか。そもそも、ボール遊びは禁止だ
　　　　　ろ！」と言われたわ。

お母さん：あの公園はボール遊び禁止でしょ。知っていて遊んでいたの。

子ども　：うん、ごめんなさい。

お母さん：すぐにあやまりにいったの。

子ども　：いいえ。ボールを取りに行ったあと、そのまま遊んでいたら、
　　　　　田中さんが家から出てきてしかられたの。

お母さん：それじゃ、しかられて当然ね。

お父さん：ところで、「スマイルにこにこ公園」も昔みたいにボール遊び
　　　　　ができるようにならないかな。

お母さん：そうね、なにかよい考えはないかしら。

お父さん：まずは、②なぜ田中さんにしかられたのかを考えないとだめ
　　　　　だね。それから、③公園で遊んでいる他の人たちのことも考え
　　　　　なくちゃいけないだろうね。この２つのことをしっかりと考
　　　　　えて、④みんなが納得できるルールを市長さんに提案したら、
　　　　　昔のようにボールで遊べる公園になるかもしれないね。

子ども　：みんなが納得できるルールって、どうしたらいいのかしら。

お父さん：それはいつも一緒に遊ぶ友だちと話し合ってごらん。大人がア
　　　　　イディアを出すより、子どもたちの素直なアイディアの方が
　　　　　市長さんに伝わると思うよ。

子ども　：なにかよいアイディアはないかしら。なかなかむずかしいわ。

お母さん：さて、この続きは夕飯を食べてからにしましょう。今日の夕飯
　　　　　はカツカレーよ。

お父さん：おっ、カツカレーか。お父さん、大好きなんだ。

(1) 下線部①について、1970年代の「スマイルにこにこ公園」では、ボール遊びをしていてもしかられることはありませんでした。その理由として考えられるものを会話文Ⅰの中からみつけ、会話文Ⅰの文章を用いて、50字以内で書きましょう。

　　なお、「、」や「。」も1字として数えることとします。

(2) 下線部②について、田中さんにしかられたのはなぜだと考えられますか。会話文Ⅱの内容から判断できるものを、すべて書きましょう。

(3) 下線部③について、公園で遊んでいる他の人たちの立場で考えたとき、ボール遊びを禁止とするのはなぜだと考えられますか。会話文Ⅰの内容から判断できるものを、すべて書きましょう。

(4) 下線部④について、お父さんのアドバイスをすべていかして、「みんなが納得できるルール」をあなたが考えるとしたら、どのようなルールを提案しますか。下の地図も参考にして、解答用紙に具体的な提案内容を書きましょう。

　　なお、公園の柵を高くしたり、公園の面積を大きくしたりするなど、公園そのものを変更する提案はできないものとします。

2014年現在の「スマイルにこにこ公園」の周辺地図

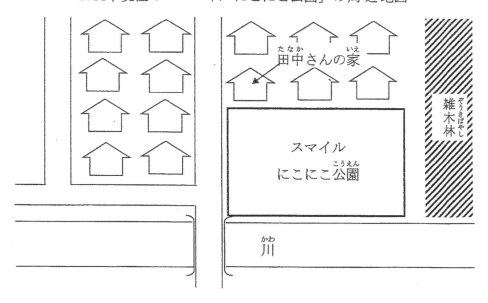

-8-

適性検査Ⅰ　解答用紙

※100点満点

1

| (1) | ア | | 5点 |

| (2) | 方法1 | イ | | ウ | | エ | | 5点 |
| | 方法2 | イ | | ウ | | エ | | 5点 |

| (3) | オ | | カ | | キ | | 5点 |
| | ① | | ② | | | 5点 |

| (4) | ク | | ケ | | 10点 |

適性検査 I　解答用紙

2

(1)

5点

(2)

10点

適性検査Ⅱ　解答用紙

※100点満点

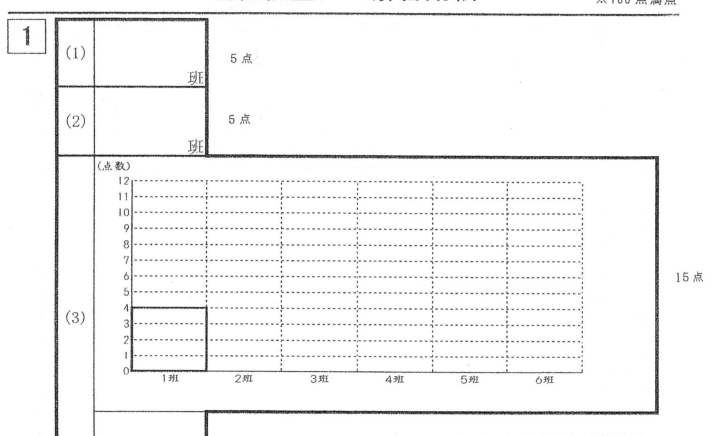

適性検査Ⅱ　解答用紙

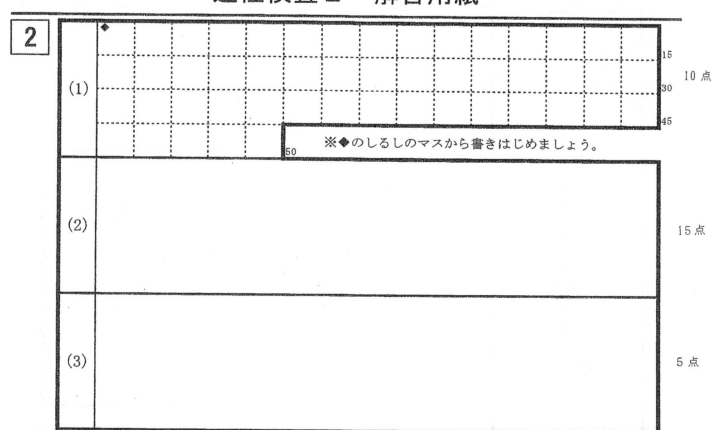

2

(1)　　　　　　　　　　　　　　　　　　　　　　　　　　　　15 / 30 / 45 / 50　　10 点

※◆のしるしのマスから書きはじめましょう。

(2)　　15 点

(3)　　5 点

(4)

20 点

		15 点
(4)		
表彰される班	班	5 点

学 校 名

男 女

受 検 番 号

ここに、たて3マス、よこ3マスの正方形が入ります。

(5) | ア | | イ | 5 点 × 2

(6) タイルA　　　　　　　枚　タイルB　　　　　　枚   10 点

呪文の唱え方

(5) 1つ目の困難

5点

2つ目の困難

5点

学 校 名	男 女	受 検 番 号

これで、適性検査Ⅱの問題は終わりです。

会話文Ⅱ（2014年のある親子の会話）

お父さん	：ただいま。
子ども	：お帰りなさい。今日は早かったわね。
お父さん	：今日は道路が渋滞していなかったからね。車の運転も楽だったよ。ところで、学校から帰って宿題をしたのかい。
子ども	：宿題はちゃんと終わらせたし、ピアノの練習もすませたわ。そのあと公園で友だちと遊んだの。
お父さん	：そうか。それで、どこの公園に行ったんだい。
子ども	：「スマイルにこにこ公園」に遊びに行ったの。
お父さん	：ほぉ、「スマイルにこにこ公園」か。お父さんも小学生のころ、よく遊びに行ったよ。当時は、お父さんたちしか遊んでいる人はいなかったけどね。
子ども	：いまはたくさんの人が遊んでいるわよ。でもね、今日、「スマイルにこにこ公園」のとなりに住む田中さんにしかられたの。
お父さん	：えっ、どうしてしかられたんだい。
子ども	：さとしくんがけったボールが公園の柵を飛びこえて、田中さんの家に当たったの。
お父さん	：それはしかられても仕方がないよ。でも、①お父さんが小学生のころは、ボールで遊んでいても、しかられることはなかったんだけどな。
子ども	：えっ、なぜ。いまは公園内でのボール遊び禁止の看板が立っていて、ボールで遊びたくても遊べないの。
お父さん	：そうか、お父さんのころとは様子が変わってしまったんだね。
子ども	：いまどきの公園はボール遊び禁止のところが多いから、遊び場所がなくて困っているの。
お母さん	：ただいま。
子ども	：お帰りなさい、お母さん。お父さんより帰りが遅かったわね。
お母さん	：あら、ごめんなさい。ところで二人とも、むずかしい顔をしてどうしたの。
子ども	：今日、「スマイルにこにこ公園」に遊びに行くからねってメー

-6-

次の会話文Ⅰと会話文Ⅱは、ある親子の間でのものです。この場面設定では、会話文Ⅰに登場する子どもが会話文Ⅱでは父親となっています。

年代の異なる2つの会話文を読んで、(1)から(4)の問いに答えましょう。

会話文Ⅰ（1970年代のある親子の会話）

お父さん	：ただいま。
子ども	：お父さん、お帰り。夕飯ができているからみんなで食べよう。
お父さん	：そうだね、お父さんも食べるとするよ。
お母さん	：最近、お父さん、家に帰る時間が早くなったわね。
お父さん	：そうだね。去年、札幌でも地下鉄が開通したので、会社までの通勤時間が短くなったからね。
子ども	：いいな。ぼくも今度地下鉄に乗せてよ。
お父さん	：いいよ。来週の日曜日、みんなで大通まで地下鉄に乗って、買い物に行こうか。
お母さん	：あら、うれしいわ。わたしもデパートに行きたかったの。
お父さん	：それはよかったね。ところで、今日は天気がよかったけど、学校が終わったあと、元気に外で遊んだかい。
子ども	：うん、遊んだよ。クラスのみんなと「スマイルにこにこ公園」でサッカーをやって、ゴールを決めたよ。
お父さん	：そうか。ところで、公園でボール遊びをしていて、近所の人にしかられるようなことはないかい。
子ども	：大丈夫だよ。だって公園の周りに家は1つもないし、他に遊んでいる人もいないので、ボールが当たる心配はないよ。
お父さん	：それだったら安心だ。
お母さん	：じゃあ、公園の話はそこまでにして、みんなで夕飯を食べましょう。今日の夕飯はカレーライスよ。
子ども	：おなかすいたね。早くカレーライスを食べたいよ。

(2)　ところが、この表をクラスのみんなに見せたところ、次のような感想や意見が出ました。

「時間はかかったけど、とても丁寧にゴミを拾った班もあったよ。」

「遊びながらゴミ拾いをしていて時間のかかった班もあったよ。」

「みんな真剣にゴミ拾いをしても、時間の短かった班もあったよ。」

　さて、担任の先生は、ゴミ拾いにかかった時間と一緒にゴミ拾い活動の「きれいさ」についても記録してくれていたので、今度は、一番きれいにゴミ拾い活動ができた班をまとめてみることになり、ともみさんは、次の表を新しくつくりました。

　もし、「きれいさ」の点数の合計で一番きれいにできた班を表彰する場合、表彰されるのはどの班になりますか。班の番号で答えましょう。

班名	1回目	2回目	3回目	4回目	5回目
1班	1点	1点	2点	2点	3点
2班	3点	2点	3点	2点	3点
3班	2点	2点	2点	1点	1点
4班	2点	3点	2点	1点	2点
5班	2点	2点	2点	3点	2点
6班	2点	2点	3点	2点	3点

※「きれいさ」の点数：とてもきれい（3点）、きれい（2点）、ふつう（1点）

　ともみさんのクラスでは、昼休みの時間を使って、班ごとに学校周辺の道路のゴミ拾い活動をはじめることになりました。クラスのみんなの中から、せっかくゴミ拾いをするのだから、みんなのやる気がでるように、ゴミ拾いにかかった時間を毎回記録して、その合計が一番短かった班をクラスで表彰してはどうかという意見が出ました。話し合いの結果、その意見どおりにやってみることになり、担任の先生がゴミ拾いにかかった時間を記録してくれることになりました。

(1)　次の表は、各班が5回ゴミ拾い活動をした時点でのゴミ拾いにかかった時間をともみさんがまとめたものです。クラスでの話し合いどおり表彰する場合、表彰されるのはどの班になりますか。班の番号で答えましょう。

班名	1回目	2回目	3回目	4回目	5回目
1班	11分	14分	12分	15分	14分
2班	15分	12分	16分	10分	12分
3班	14分	13分	12分	10分	13分
4班	14分	12分	14分	13分	14分
5班	12分	10分	12分	14分	16分
6班	9分	13分	14分	15分	12分

これで、適性検査Ⅰの問題は終わりです。

たて４マス、よこ４マスの正方形全体のマスの数から、タイルＡをのぞいた残りのマスの数と、タイルＢのマスの数との関係を考えると、すぐにタイルＡとタイルＢだけではつくれないことがわかるよ。

たろうくん：②本当だ。たて４マス、よこ４マスの正方形はつくれないね。じゃあ、たて６マス、よこ６マスの正方形はつくれるかな。

お父さん　：同じように確かめてごらん。

たろうくん：たて６マス、よこ６マスの正方形も、タイルＡ１枚とタイルＢ何枚かを使ってつくることはできないね。同じように考えると、たてもよこも偶数のマスの数の正方形は、タイルＡ１枚とタイルＢ何枚かを使ってつくることはできないね。

お父さん　：じゃあ、たてもよこも奇数のマスの数の正方形はどうかな。

たろうくん：さっきの場合と同じように、正方形全体のマスの数から、タイルＡをのぞいた残りのマスの数と、タイルＢのマスの数との関係を考えたら、たてもよこも奇数のマスの数の正方形の場合は、タイルＡ１枚とタイルＢ何枚かを使えば必ずつくることができるね。

お父さん　：うーん、おしい。例えば、全体のマスが９マスの場合、タイルＡの１マスをのぞいた残りの数が８マスだから、あとタイルＢを２枚でつくれそうだけど、残った８マスが（　③　）だったらだめだよね。

たろうくん：そうか。マスの数が大丈夫なだけではだめなのか。じゃあ、どうすれば、つくることができるかわかるのかな。

お父さん　：では、たて７マス、よこ７マスの正方形の場合を考えてみよう。たて３マス、よこ３マスの正方形をつくることができることはわかっているので、その周りにタイルＢを何枚かおいて、大きな正方形をつくってみよう。このとき、タイルＢを何枚か組み合わせた パターン１ と パターン２ をいくつか周りにおけば、たて７マス、よこ７マスの正方形をつくることができるよ。④やってごらん。

-6-

たろうくんは、お父_{とう}さんといっしょに、自宅_{じたく}の庭_{にわ}にタイルをしく仕事_{しごと}を手伝_{てつだ}うことにしました。以下_{いか}の文章_{ぶんしょう}は、そのときの様子_{ようす}と二人_{ふたり}の会話_{かいわ}です。よく読_よんで、(1)から(6)の問_といに答_{こた}えましょう。

まずお父_{とう}さんは、正方形_{せいほうけい}のタイルAと、タイルAと同_{おな}じ形_{かたち}のタイルをつなぎ合_あわせたタイルBの2種類_{しゅるい}を持_もってきました。

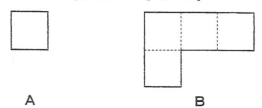

A   B

そして、お父_{とう}さんは、タイルA1枚_{まい}とタイルB2枚_{まい}を使_{つか}って、右図_{みぎず}のような、たて3マス、よこ3マスの正方形_{せいほうけい}をつくって、たろうくんに見_みせました。(タイルBをうら返_{がえ}して使_{つか}うことはできないものとします。)

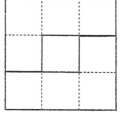

お父_{とう}さん　：では、タイルA1枚_{まい}と、タイルBを何枚_{なんまい}か使_{つか}って、①たて5マス、よこ5マスの正方形_{せいほうけい}をつくってごらん。

（作業中_{さぎょうちゅう}）

たろうくん：できたよ。ということは、タイルA1枚_{まい}と、タイルBを何枚_{なんまい}か使_{つか}えば、どんな正方形_{せいほうけい}でもつくれるのかな。

お父_{とう}さん　：じゃあ、その条件_{じょうけん}で、たて4マス、よこ4マスの正方形_{せいほうけい}をつくってごらん。

（作業中_{さぎょうちゅう}）

たろうくん：うーん、何回_{なんかい}やってもうまくいかないから、できないんじゃないかな。

お父_{とう}さん　：本当_{ほんとう}かい。できるかもしれないよ。

たろうくん：えー、何回_{なんかい}やればいいの。それじゃあ終_おわれないよ。

お父_{とう}さん　：実_{じつ}は、実際_{じっさい}にやってみたり、図_ずを描_かいてみたりしなくても、

ジョンくん：でも、ぼくだったら、岩を1回で宝石にしようとして、Bの
　　　　　　呪文を唱えて、女の子にプレゼントしちゃいそうだな。

はなこさん：それじゃ呪文の効果はあらわれず、岩はそのままだから、プ
　　　　　　レゼントされた女の子はびっくりしちゃうわよ。

ローラさん：ところで、みんなのおもしろかった場面はどこだったの。

はなこさん：わたしは、マナビーがレーナ姫にプレゼントをわたすとき、
　　　　　　はじめに、花にDの呪文を唱えて、次に　ア　の呪文を唱え
　　　　　　て、最後にBの呪文を唱えて、オオカミを宝石に変えてレー
　　　　　　ナ姫にわたした場面がおもしろかったわ。

たろうくん：ぼくは、オオカミがおそってきたとき、こわがっているレー
　　　　　　ナ姫の前にマナビーが立ちふさがって、オオカミに向かって
　　　　　　　イ　、　ウ　の順番で呪文を唱え、最後に　エ　の呪文
　　　　　　を唱えて、レーナ姫に笑顔で宝石をわたした場面がおもしろ
　　　　　　かったな。だって、マナビーは格好つけたがっていたけど、
　　　　　　うっかり効果のあらわれない呪文も唱えていたんだもん。

ローラさん：それに、あの宝石をレーナ姫が大切に持っていたから、悪者
　　　　　　のダークが追いかけてきて、二人がつかまりそうになったと
　　　　　　き、レーナ姫からわたされた宝石をマナビーが呪文でオオカ
　　　　　　ミに変えて、ダークを追いはらうことができたのよね。

ジョンくん：あのとき、マナビーもあせっていて、すぐにGの呪文を唱え
　　　　　　れば宝石はオオカミに変わったのに、最初に　オ　の呪文を
　　　　　　唱えて、次に　カ　の呪文を唱えて、最後に　キ　の呪文を
　　　　　　唱えて、毎回違うものに変えたあとで、やっとオオカミにな
　　　　　　って、悪者のダークを追いはらったよね。あのときは、間に
　　　　　　合わないんじゃないかと思ってドキドキしたよ。

たろうくん：ぼくがドキドキしたのは、そのあと、悪者のダークがたくさ
　　　　　　んの仲間と待ちぶせして、マナビーたちをおそおうとしたと
　　　　　　き、マナビーの後ろに広がる花畑の花と岩に、Aの呪文と
　　　　　　Eの呪文を唱えて花と岩をたくさんのオオカミに変えて、ダ
　　　　　　ークたちを追いはらった場面だね。最高だったよ。

学校の昼休みに、たろうくんと、ジョンくんと、はなこさんと、ローラさんは、朝読書用の『マナビーの冒険』という本について話をしています。以下に示すのは、『マナビーの冒険』の内容とそれについての4人の会話です。よく読んで、(1)から(5)の問いに答えましょう。

『マナビーの冒険』とは、主人公マナビーが、
8つの魔法の呪文を使って、困難を乗り越え、
レーナ姫を救いに行くというお話です。
下のアルファベット順にならんだA〜Hの呪文は、
マナビーがもともと知っていた8つの魔法の呪文です。

呪文の種類	呪文の効果
A	岩をオオカミに変える
B	オオカミを宝石に変える
C	カエルを宝石に変える
D	花を岩に変える
E	花をオオカミに変える
F	オオカミをカエルに変える
G	宝石をオオカミに変える
H	宝石を花に変える

注1 唱えた呪文の順番通りに、上の呪文の効果があらわれます。
注2 変えるものが目の前になければ、呪文を唱えても効果はありません。

たろうくん：ぼくも、マナビーのように魔法が使えたら、岩にAの呪文を唱えてオオカミに変え、次に、そのオオカミにBの呪文を唱えて宝石をたくさんつくりたいな。